böhlauWien

Wien brennt, Oktober 1848

Pieter M. Judson

Wien brennt!

Die Revolution von 1848 und ihr liberales Erbe

böhlau Wien Köln Weimar

Gedruckt mit Unterstützung durch das
Bundesministerium für Wissenschaft und Verkehr, Wien

Umschlagabbildung:
Eine Szene bei der Lerchenfelder Linie im Oktober 1848,
Historisches Museum der Stadt Wien
Abb. auf S. 2: Wien brennt, Historisches Museum der Stadt Wien

Die Deutsche Bibliothek – CIP-Einheitsaufnahme
Judson, Pieter M.: Wien brennt : die Revolution von 1848 und ihr liberales Erbe / Pieter M. Judson. [Aus dem Engl. übertr. von Norbert Schürer]. – Wien ; Köln ; Weimar : Böhlau, 1998
ISBN 3-205-98844-2

Aus dem Englischen übertragen von Norbert Schürer

Gedruckt auf umweltfreundlichem, chlor- und säurefreiem Papier

Druck: Imprint, Ljubljana

Für István Déak

Inhalt

Abb. 1: Kaiserliche Truppen schießen in den engen Straßen Wiens auf Bürger. März, 1848.

Einleitung

Im Jahr 1848 erhoben sich die Bürger Österreichs unerwartet in einer fast allgemeinen Rebellion gegen ihre Herrscher. Gemeinsam mit Bauern, Arbeitern und adligen Dissidenten forderten die Männer und Frauen der besitzenden Klassen einen fundamentalen Wandel der österreichischen Regierungsform. Es ist nicht weiter verwunderlich, daß die meisten Bauern ein Ende der feudalen Strukturen, besonders der verhaßten Robot, forderten, oder daß die Arbeiter in vielen Städten gegen die Zustände in der Industrie und die inflationären Lebensmittelpreise der 1840er Jahre rebellierten. Eine starke Tradition der Bauernaufstände in weiten Teilen des Reiches und das Aufkommen der Textilindustrien im Nordwesten hatten bereits in den Jahren der Arbeitslosigkeit und des Lebensmittelmangels ein Potential für Unruhen geschaffen. In jüngster Zeit hatten die galizischen Bauern 1846 einen blutigen Aufstand gegen ihre polnischen Herrscher angezettelt, während böhmische und mährische Textilarbeiter 1844 und 1846 Unruhen verursachten. Im nachhinein ist aber die Rebellion des sozial konservativen Bürgertums gegen die bestehende Ordnung im Jahr 1848 viel schockierender, denn trotz seiner sozialen und wirtschaftlichen Forderungen verfügte das Bürgertum über keine offensichtliche Tradition des politischen Radikalismus. Selbst Studenten oder mittellose Künstler, die unsicher an seinem Rande existierten, hatten nie zuvor die Autorität des absolutistischen Staates angezweifelt. Und doch befinden wir uns 1848 in der ungewohnten Situation, daß besitzende, normalerweise auf gute Umgangsformen bedachte Männer und Frauen auf die Barrikaden gehen, in extremen Fällen sogar bereit sind, zu töten oder getötet zu werden, damit ihre Vision einer reformierten österreichischen Gesellschaft verwirklicht werden kann.

Wir sehen uns 1848 auch mit dem erstaunlichen Schauspiel konfrontiert – das im zwanzigsten Jahrhundert schon nicht mehr so ungewöhnlich ist –, daß ein Staat seine eigenen Bürger massakriert. Im Jahr 1848 wurde der privaten Gemütlichkeit der gutbürgerlichen Biedermeierwohnzimmer mit dem bewußten Eintritt seiner Bewohner in die öffentliche und gelegentlich gewalttätige Welt der Politik ein brutales Ende zuteil. Die grotesken Szenen von Soldaten, die auf Männer und Frauen der Mittelklasse schießen, wirken besonders schockierend, weil eine unwirkliche Aura politischer Unschuld die Rebellen umgibt. Wir sollten die relative Tapferkeit des österreichischen Bürgertums 1848 nicht überbewerten. Es mußte seine Überzeugungen nur sporadisch wirklich auf den Barrikaden verteidigen und fand sich lediglich in einigen außergewöhnlichen städtischen Aufständen (besonders im Juni 1848 in Prag und im Oktober 1848 in Wien) der Gewalt des Staates gegenüber. Wir sollten auch die Opfer nicht vergessen, die das Bürgertum in der Arbeiterklasse verursachte, einer Klasse, die sich der bürgerlichen Vision eines reformierten Österreichs widersetzte. Doch es steht außer Zweifel, daß der Staat 1848 nicht zögerte, sich jedesmal gegen das Bürgertum zu wenden, wenn es sich weigerte, sich auf seine Rolle als passiver Beschützer des Status quo zu beschränken. Und das Maß des politischen Extremismus eines ansonsten passiven Bürgertums zeigte sich in der Entschlossenheit derjenigen Bürger, die für ihre Überzeugungen auf die Barrikaden gingen.

Was hat es mit diesen Überzeugungen auf sich? Nach heutigen Maßstäben – und selbst nach denen von 1900 – vertraten diese bürgerlichen Rebellen von 1848 nichts besonders Radikales. Sie forderten politisches Mitspracherecht in ihren Gemeinden, eine aktivere Förderung der wirtschaftlichen Entwicklung durch die Regierung, eine auf der Autorität des Gesetzes basierende Gesellschaft und einen Staat, der besser imstande sein sollte, die soziale Ordnung aufrechtzuerhalten. Einige höhere Beamte zeigten offen Verständnis für dieses Programm und bestätigten dadurch seinen grundsätzlich gemäßigten Charakter. Mußten Barrikaden bestiegen werden, um diesen Forderungen Gehör zu verschaffen? Verdienten diese ernsthaften Bittsteller das Exekutionskommando? So gemäßigt diese Forderungen für uns auch scheinen mögen, sie müssen nach den Maßstäben von 1848 beurteilt werden. Nach diesen Maßstäben waren sie tatsächlich radikal, denn die Bürger zweifelten die fundamentale Legitimität, und somit das Herz des absolutistischen Staates an.

Wir würden die Forderungen der Bürger heutzutage als liberal bezeichnen, und sie wurden damals von den Zeitgenossen als liberal erkannt. Wir vergessen oft, daß 1848 das politische Debüt des Liberalismus in Österreich war, und der Hauptgrund für unsere Vergeßlichkeit ist die Tatsache, daß der Liberalismus kein erkennbares Erbe im Österreich des zwanzigsten Jahrhunderts hinterlassen zu haben scheint. Welche einflußreichen Liberalen der Vergangenheit lernen österreichische Schulkinder schließlich zu verehren? Die Namen vieler Liberaler zieren zwar Straßenschilder, deren historische Bedeutung den Österreichern allerdings kaum bewußt ist. Wer könnte heute sagen, wie der Liberalismus im Österreich des neunzehnten Jahrhunderts aussah, als er im ganzen Reich groß in Mode kam? Von Linz bis Czernowitz, von Prag bis Laibach, von Dornbirn bis Troppau begannen Aktivisten, alle wichtigen Fragen unter liberalen Vorzeichen zu formulieren. Nicht nur das: Mehr als auf alle seine Nachbarländer mit Ausnahme Ungarns übte der Liberalismus langfristig einen wesentlich effektiveren Einfluß auf Österreich aus. Die Mehrzahl der heutigen Österreicher wäre erstaunt zu erfahren, daß liberale Parteien ein halbes Jahrhundert lang die gewählten Institutionen, die österreichische Innenpolitik, das österreichische politische Vokabular und die österreichische politische Kultur formten und schließlich dominierten. In den Jahren nach 1848 wäre es unmöglich gewesen, sich eine Welt ohne den Liberalismus vorzustellen.

In den vergangenen zehn Jahren ist der Liberalismus wieder ein wichtiger, wenn auch oft mißverstandener Begriff in der Landschaft mitteleuropäischer Politik geworden. Mit dem Zusammenbruch des sowjetischen Kommunismus in Osteuropa und der damit einhergehenden Diskreditierung des Wohlfahrtsstaates im Westen wird der Liberalismus von manchen als ein Allheilmittel für die Übel betrachtet, unter denen die Industriestaaten Europas leiden. Er faßt in einem Begriff eine große Anzahl von widersprüchlichen Lösungen für zeitgenössische Probleme zusammen, von ökonomischer Privatisierung bis hin zu demokratischen politischen Reformen. Der Liberalismus dient heute oft nur als eine Art Formel für die Möglichkeiten, die der Westen – besonders die USA – dem Rest der Welt anbieten kann. Niemand kann ihn genau definieren, aber alle scheinen zu wissen, was der Begriff bedeutet. Während sie mit Haushaltsdefiziten ringen, erinnern sich westeuropäische Staaten erneut lang vergessener „liberaler" Traditionen. Während sie mit dem Dilemma der Privatisierung kämpfen, denken osteuropäische Staaten über „liberale" Lösungen nach. Während beide sich über die Zukunft teurer Sozialversicherungen Sorgen machen, scheint der „Liberalismus" oft einen Ausweg aus der interessengebundenen, stagnierenden Politik der Gegenwart anzubieten. In dieser Hinsicht bleibt Österreichs Verhältnis zu irgendeiner Art von liberaler Tradition äußerst problematisch. Die Zweite Republik wurde nach einem hierarchisch-korporativen Modell gegründet, das Ressourcen und Macht nach seinen jeweiligen besonderen Interessen unter verschiedenen politischen Gruppierungen aufteilt (Arbeit, Kapital, Landwirtschaft, Staatsangestellte). Solch ein Modell scheint für die individualistischen Prinzipien, die den Liberalismus charakterisieren, wenig Platz zu lassen.

In den neunziger Jahren haben in Österreich Entwicklungen wie der sensationelle politische Aufstieg der FPÖ auch die erneute Aufmerksamkeit auf die Frage des Liberalismus gelenkt. Bis vor kurzem war die FPÖ, wie die deutschen Bürgerparteien in der Ersten Republik Österreichs, eine gelegentlich einflußreiche, aber kleinere Partei gewesen. In einem nach Interessen organisierten Staat wie Österreich vertrat die FPÖ vor allem die Belange der Wirtschaft und Industrie, und sie bot eine Art rationaler Kritik an der Interessenpolitik der beiden Großparteien ÖVP und SPÖ. Doch unter der Führung von Jörg Haider und in einer Zeit, in der die beiden Großparteien einer Vernunftehe gleich miteinander verbunden waren, wandte sich die FPÖ einem schrillen Populismus und einer manchmal nationalistischen Politik zu. Sie zielte darauf ab, die Stimmen derjenigen zu gewinnen, die sich vom bürokratisierten Status quo abgeschrieben sahen, den die große Koalition vertrat. Als sich das Liberale Forum unter Heide Schmidt von der FPÖ trennte, um ein sozial progressiveres Programm als das Haiders zu vertreten, löste diese Abspaltung eine offene Diskussion darüber aus, was liberale Politik in Österreich genau ausmacht.

Da weder die FPÖ noch das Liberale Forum je den Einfluß ausgeübt haben, den die zwei traditionellen Großparteien Österreichs für sich in Anspruch nehmen können, versteht niemand sie als Vollstrecker einer bestimmten historischen Mission in der Gegenwart. Die Sozialdemokraten und die Volkspartei können auf eine ungebrochene Tradition seit der Jahrhundertwende zurückblicken, aber wo würde man nach einer liberalen Tradition in Österreich suchen? Die Lage wird dadurch verschlimmert, daß politische Kommentatoren nicht müde werden zu betonen, wie Jörg Haider seine FPÖ ständig nach den politischen Tagesthemen umgestaltet. Dies erweckt den Eindruck, seine Partei sei eine vollkommen neue Schöpfung, ein ahistorisches und grundsätzlich opportunistisches Phänomen. Schmidts Liberales Forum scheint eine Schöpfung des Augenblicks zu sein, mit dem spezifischen Ziel, Probleme der neunziger Jahre mittels größerer Demokratisierung und wirtschaftlicher Deregulierung zu bekämpfen. Keine der beiden Parteien beruft sich offen auf eine bestimmte Tradition der österreichischen Geschichte, und keine der beiden besitzt ein erkennbares Pantheon österreichischer Helden wie die Sozialdemokraten und die Volkspartei.

Wien brennt macht eine österreichische liberale Tradition und ihre zeitgenössischen Konsequenzen sichtbar, indem es einen kritischen, wenn auch weitgehend vergessenen Moment in der österreichischen Geschichte ins Gedächtnis zurückruft: die Revolutionen von 1848. Im Österreich des Jahres 1848 schufen Männer und Frauen – weitgehend aus dem Bürgertum – eine politische Bewegung, die die Legitimität der herrschenden Regierungssysteme in Frage stellte. Sie nannten sich „Liberale" und inszenierten eine revolutionäre Kampagne, um ihre eigene Herrschaft über die österreichische Gesellschaft zu errichten. Sie hatten mehr im Sinn als die Eroberung bestimmter politischer Institutionen; ihr Ziel war nichts weniger als ein vollkommen neues Wertesystem für die österreichische Gesellschaft. Die Liberalen bedienten sich in ihrem Kampf zweier Strategien. Sie schufen ein überregionales Netz von Vereinen, das als Alternative zur erdrückenden Herrschaft des bürokratischen Absolutismus im Vormärz dienen sollte. Diese liberale politische Kultur, basierend auf unabhängigen Vereinen, wurde zum Instrument für den Aufbau, die Koordinierung und die Kontrolle der Teilnahme des Volkes an der Politik. Die andere Strategie beinhaltete den Einsatz einer kraftvollen öffentlichen

Rhetorik, die von den Liberalen entwickelt worden war, um ihre Revolution zu rechtfertigen. Angefangen mit einer Explosion von gedruckten Publikationen 1848 und der Ausbreitung der bürgerlichen Vereine fingen die mit dem Liberalismus assoziierten Werte und Wahrnehmungen langsam an, den politischen Diskurs in Österreich zu dominieren. Lange nach dem Untergang der offiziellen liberalen Parteien in den 1890er Jahren blieben sie eine nicht zu unterschätzende kulturelle Macht.

Trotz schwerer Rückschläge in den Jahren nach 1848 begannen sich die liberalen Strategien in den 1860er Jahren bezahlt zu machen. Im Jahr 1867 drängten die Liberalen dem widerstrebenden Kaiser Franz Joseph I. eine im wesentlichen von ihnen selbst geschriebene Verfassung auf und beendeten damit die historische Dominanz der Bürokratie, des Adels und der katholischen Kirche über die Gemeindepolitik. Durch die Einführung der Schulpflicht nach ihrem Muster reduzierten sie den Einfluß der Kirche auf den Lehrplan und den Unterricht erheblich. Schon in den 1870er Jahren wurde es offensichtlich, daß diese Siege das Leben in Österreich gewaltig verändert hatten. In einigen Gebieten der Donaumonarchie beherrschten liberale politische Parteien die örtlichen Institutionen, während ihre wirtschaftlichen und sozialen Reformen oft schläfrige Provinznester in blühende Zentren industrieller Produktion verwandelten.

Zur gleichen Zeit fanden liberale kulturelle Werte auch in der städtischen Gesellschaft allgemeine Anerkennung. Die meisten dieser Werte – Ideen zum wirtschaftlichen Wettbewerb, individuelle Selbstentwicklung, persönliches Ansehen und ein selbstbewußter Rationalismus – beruhten auf dem fundamentalen Glauben, daß das ökonomisch unabhängige Individuum der Eckpfeiler des öffentlichen Lebens sei. Die finanzielle und intellektuelle Unabhängigkeit des Individuums erwarb ihm die Rechte eines politisch aktiven Bürgers. Die Logik hinter diesem Konzept der aktiven öffentlichen Bürgerschaft implizierte aber auch die Existenz eines komplementären Bereiches, der von passiven, abhängigen Individuen eingenommen wurde, denen die Vision fehlte, die angeblich aus intellektueller Reife und finanzieller Unabhängigkeit erwuchs. Trotz des gleichberechtigten Status, den die liberale Rhetorik allen Menschen zuschrieb, hatten nur die aktiven männlichen Bürger auf Kosten der Frauen und Kinder wie auch ihrer Mitbürger der unteren Klassen wirkliche Macht. Die vorausgesetzte Unfähigkeit der letzteren, ihren politischen Verstand einzusetzen, beschränkte sie auf die passiven Rechte der Bürger, zumindest bis ihre verbesserte Bildung es ihnen ermöglichen konnte, den Status der vollen Bürgerrechte zu genießen.

Ein anderes bleibendes Erbe der liberalen Ideologie, eines, das auch heute weiterhin die politische Kultur in Mitteleuropa beherrscht, war die Schaffung einer nationalistischen Politik unter deutsch-liberalen Bürgeraktivisten. Seit seinem Erscheinen im Österreich des neunzehnten Jahrhunderts ist der deutsche Nationalismus, besonders in seinen radikaleren Varianten, als Gegensatz zu liberalen Prinzipien und Praktiken verstanden worden. Zeitgenössische Beobachter wie auch spätere Historiker finden den Grund für den Verfall der liberalen Parteien in den 1890er Jahren oft in der überwältigenden Mobilisierung, die durch den deutschnationalen Aktivismus verursacht wurde. Doch in Wirklichkeit waren es die Liberalen selbst, die auf der Grundlage der deutschnationalen Identität nach 1880 eine mächtige neue Politik schufen, um die neu erwachsende Bedrohung ihrer lokalen Vorherrschaft durch andere nationale Gruppierungen (die Tschechen) oder Klassen (die Sozialisten) zu bekämpfen. Liberale Konzepte lieferten die entscheidende Grundlage für die spätere Explosion deutschnationaler Politik am Ende des neunzehnten Jahrhunderts, als Aktivisten die Idee vom sozialen Unterschied zwischen aktiven und passiven Bürgern in einen Glauben an nationale Unterschiede zwischen Deutschen und Slawen transformierten. Die ältere liberale Unterscheidung zwischen aktiven und passiven Bürgerrechten, die den Unterschied zwischen politisch reifen und unreifen Menschen im Gesetz verankern sollte, war schon 1900 in einen Glauben an die Bedeutung der deutschnationalen Überlegenheit, verkörpert durch den Unterschied zwischen den Kulturen, verwandelt worden.

Ein drittes und verwandtes Erbe war paradoxerweise ein starkes Mißtrauen gegen die Interessenpolitik. Im Jahr 1848 erhoben die Liberalen Anspruch darauf, für die objektiven Interessen des Volkes zu sprechen. Als die gebildetsten und finanziell erfolgreichsten Mitglieder des Volkes hatten sie dieses Recht verdient. Wie wir sehen werden, glaubten die Liberalen, daß deutschnationale Bildung dem einzelnen ein besonderes Verständnis für das Allgemeinwohl der Gemeinschaft verleihe. Die Liberalen widersetzten sich den Werten jeder Gruppe, die ihre Gruppenidentität über die Interessen des gesamten Volkes stellte, denn sie fanden eine solche Haltung reaktionär und engstirnig. Jedwede besonderen Interessen – auf der Grundlage von Klasse, Ethnizität oder Religion – beeinträchtigten das Wohl der größeren Gemeinschaft. Natürlich verfolgten die Liberalen selbst eine Politik, die zum großen Teil auf ihren eigenen Interessen als Bürger basierte, doch sie verstanden ihre Ziele als allgemeingültig. Wir werden zum Beispiel sehen, wie selbst die Liberalen ihre eigene nationale Identität so definierten, daß sie mit den Interessen des gesamten Volkes übereinstimmte. Doch wir werden später auch eine allgemeine Frustration der Liberalen über die wachsenden, auf besonderen Interessen basierenden Bedingungen des politischen Aktivismus sehen, eine wiederkehrende Frustration, die jüngst die Wähler dazu gebracht hat, die beiden Großparteien Österreichs im Stich zu lassen und zunehmend für die FPÖ, das Liberale Forum und die Grünen zu stimmen.

Dieses Buch behandelt den Gründungsmoment des österreichischen Liberalismus in den Revolutionen des Jahres 1848. Es ist aber keine Geschichte von 1848; diese Geschichte ist schon oft, gut und aus mehreren wichtigen Perspektiven erzählt worden. Im Gegensatz dazu deckt diese Reise zurück ins Jahr 1848 die vergessene Geschichte des Bürgeraktivismus von 1848 und seines Erbes auf. Sie untersucht die revolutionären Träume der Aktivist/innen wie auch die neue organisatorische Kultur, mit der sie die österreichische Gesellschaft zu mobilisieren hofften. Sie konzentriert sich auf die Kämpfe, mit denen Radikale aus gutem Hause die österreichische Gesellschaft im Sinne ihrer ideellen Vorstellungen von Gemeinschaft verwandeln wollten, und sie dokumentiert, wie sie ihre hehren Ziele in konkrete Politik umsetzten. Trotz des bitteren Scheiterns ihrer Revolution nur ein Jahr nach ihrem Ausbruch – ein Scheitern, das bis jetzt den einzigen Kontext liefert, innerhalb dessen man sich an sie erinnert – hinterließen die Liberalen späteren Generationen wirkungsmächtige Ideologien und organisatorische Praktiken. 150 Jahre später verwandelt ihr Erbe – positiv wie negativ – erneut die österreichische Politik.

Bürger, Staat und bürgerliche Gesellschaft im Österreich des Vormärz*

> Es bleibt nun doch der Bürgerstand, von dem man eine muthige Bitte, eine Supplik um Beförderung der die ganze civilisierte Welt beseelenden Idee des Fortschrittes erwarten könnte.
>
> OLF A, Bd. 21, „Österreich im Jahre 1843" (Hamburg 1843): 1.

Das gesamte neunzehnte Jahrhundert hindurch bestand der europäische Liberalismus sowohl aus Visionen zur Organisation der Gesellschaft als auch aus einer Reihe von Bewegungen, die der Umsetzung dieser Visionen gewidmet waren. Wie seine Pendants in Mitteleuropa erwuchs der österreichische Liberalismus aus zwei verschiedenen Erfahrungen. Eine dieser Erfahrungen war die Tradition der städtischen Bürgerschaft, die die ständischen Privilegien hochschätzte, die den freien Mitgliedern einer Gemeinde von ihren Mitbürgern gewährt wurden, oft gegen die rechtlichen Vollmachten des Staates oder des örtlichen Adels. Das Bürgertum umfaßte eine besondere Gemeinschaft von Bürgern, und die Zugehörigkeit zu dieser Gruppe war nicht nur an einen Wohnsitz in der Stadt oder regelmäßige Steuerzahlungen gebunden. Das Bürgerrecht konnte ererbt werden, aber es konnte nicht einfach gekauft oder aufgegeben werden. Seine Verleihung hing oft von der vermeintlichen Fähigkeit des Kandidaten ab, seinen unabhängigen Lebensunterhalt zu wahren und die Maßstäbe der Gemeinschaftsehre durch das persönliche Verhalten aufrechtzuerhalten. Das Bürgerrecht brachte zusätzlich bestimmte soziale und moralische Verpflichtungen gegenüber der Stadtgemeinschaft mit sich und zwang seinen Inhaber, ein hohes Maß an Wohltätigkeit gegenüber seinen Mitbürgern an den Tag zu legen. Bis 1848 waren die Privilegien des Bürgerrechts in den meisten österreichischen Städten auf die Mitgliedschaft in einer im wesentlichen zeremoniellen Bürgerwehr und auf bestimmte wirtschaftliche Privilegien reduziert worden. Sie beinhalteten keine besonders große politische Autonomie mehr, und örtliche administrative Freiheit von staatlicher Einmischung (sogenanntes „Vielzuvielregieren") war eine oft gehörte Forderung in den Jahren vor 1848.

Eine andere Art sozialer Erfahrung, die zum österreichischen Liberalismus beitrug, war die des neuen Wirtschaftsbürgers, des in Handel und Industrie aktiven Unternehmers, der unter dem alten Regime versuchte, die Entwicklung der kapitalistischen Wirtschaft zu fördern. In seinem Buch *German Home Towns* bezeichnet Mack Walker solche Individuen, die außerhalb der Schranken der Zunftgesetze existierten, als „Beweger und Handelnde". Die lokalen Bürger, mit denen diese Kapitalisten oft im Wettbewerb standen, bezeichneten sie aber öfter als „*Störer* [sic] … Lieferanten ausländischer Produktion … Plünderer der heimischen Wirtschaft".[1] Im achtzehnten Jahrhundert hatten diese Männer dynamische neue Industrien außerhalb der Gemeindegrenzen geschaffen und dadurch die von den Städtezünften ausgeübten Beschränkungen von Handel und Manufaktur in Frage gestellt. Im Laufe der Zeit untergruben die Industrien dieser unternehmerischen Störenfriede das wenige, das von der Welt des Bürgerrechts übriggeblieben war.

Doch auch wenn die traditionell stillhaltenden Bürger und die dynamischen neuen Wirtschaftsbürger potentiell in bezug auf Wirtschaftspolitik, Regulierung und die Rolle der Zünfte unterschiedlicher Meinung waren, sahen sie am Ende des achtzehnten Jahrhunderts beide ihre Interessen hauptsächlich als politisch und teilten eine gemeinsame Antipathie gegen die Staatsbürokratie. Als der Liberalismus 1848 sein öffentliches Debüt als politische Bewegung gab, wurde die städtische Tradition der bürgerlichen Autonomie in der Öffentlichkeit mit der wachsenden Bedeutung der neuen Ideen von ökonomischer Freiheit, Unabhängigkeit und Produktivität für das kommerzielle und industrielle Wirtschaftsbürgertum gleichgesetzt. Im späten achtzehnten Jahrhundert verband sich eine neue und wachsende wirtschaftsbürgerliche Ideologie, die die theoretische ökonomische Freiheit propagierte, mit dem, was von der Welt des Bürgerrechts übrigblieb, um ein Ideal des unabhängigen städtischen Bürgers zu schaffen, des Mannes, der vermeintlich den produktiven Eckpfeiler der Gesellschaft bildete. Die Kombination dieser Visionen produzierte eine mächtige und distinktive liberale Rhetorik über die Gesellschaft wie auch eine eigenständige politische Kultur in der österreichischen Hälfte der Habsburgermonarchie.

Als Bewegung arbeitete der Liberalismus darauf hin, Staat und Gesellschaft so zu formen, daß sie die Bedürfnisse seiner doppelten Vision erfüllten: den sogenannten produktiven Individuen der städtischen kapitalistischen Gesellschaft soviel Einfluß wie möglich zuzugestehen und ihnen das ihrem verbesserten sozialen Stand entsprechende Mandat zu geben. Die Männer und Frauen, die 1848 die existierenden sozialen und politischen Hierarchien durch etwas Neues ersetzen wollten, entwarfen ein Wertesystem, das jenen Bürgern, deren wirtschaftlicher Erfolg ihre Produktivität demonstrierte – und daher ihr Recht, an der politischen Herrschaft teilzunehmen –, die traditionellen Privilegien der Bürgerfreiheit und -autonomie verlieh. Im Jahr 1848 sprach der Liberalismus sogar viel breitere soziale Schichten an als nur diejenigen, die die traditionellen Privilegien der Bürger innehatten oder in Handel und im Finanzwesen tätig waren. Die Zugehörigkeit zu diesem Bürgertum wurde auch anderen sozialen Gruppen zuteil, besonders den ausgebildeten Fachleuten. Österreicher, deren Beruf ein hohes Maß an Bildung verlangte (Beamte, Lehrer, Rechtsanwälte, Ärzte), gewannen allmählich den Status von Mitgliedern in einer erweiterten Bürgerklasse. Nach Meinung der frühen Liberalen brauchte eine komplexe Gesellschaft für ihre gesunde Entwicklung mehr als einfach nur eine gewisse Anzahl ökonomisch produktiver, unabhängiger Bürger. Sie benötigte zum Beispiel eine gebildete Bürgerschaft, die über den engen Horizont des örtlichen Provinzialismus hinausblicken und die Interessen der Gemeinschaft im globalen Zusammenhang sehen konnte. Der Wert, der der abstrakten Idee der Bildung beigemessen wurde, spiegelt die allgemeine, von den Liberalen vorgenommene Gleichung zwischen ökonomischer und kultureller Leistung in ganz Mitteleuropa wider.

Diese wachsende Bürgerklasse hatte eine unterschiedliche Zusammensetzung, je nachdem, wohin man im Österreich der Jahrhundertmitte reiste. Wie anderswo in Europa variierte die Ausbreitung der kapitalistischen Verhältnisse in der Habsburgermonarchie entscheidend je nach Region. Das unterschiedliche Niveau der wirtschaftlichen Enwicklung im Reich schuf einen einander widersprechenden Bedarf an unterschiedlichen Arten von Produzenten und folglich unterschiedliche wirtschaftliche Forderungen an den Staat. Im frühen neunzehnten Jahrhundert hatten einige Teile des Reiches starke überregionale Märkte entwickelt und verfügten über eine Industrieproduktion, die in ihrem Entwicklungsstand dem Rest Europas um nichts nachstand. In Böhmen, Mähren, Niederösterreich und der Steiermark hatten städtische Kaufleute, Handwerker, jüdische Kaufleute, Teile der Aristokratie und Einwanderer aus Westeuropa, die das nötige Kapital aufbringen konnten, Textil- und Montanindustrien gegründet. Hier stellte im achtzehnten Jahrhundert das Wachstum kapitalistischer Firmen im großen Maßstab die vorherrschenden rechtlichen und gewohnten Begriffe des Grundbesitzes, des Handels, des Bankverkehrs, der Organisation der Arbeitnehmer und der technologischen Entwicklung in Frage. In anderen Regionen im Osten und Süden (Bukowina, Dalmatien, Galizien) blieb die Produktion jedoch relativ isoliert vom überregionalen Handel und bis ins zwanzigste Jahrhundert hinein fast ausschließlich landwirtschaftlich. Rechtliche Kreditbeschränkungen und das Fehlen eines Bankennetzes behinderten die industrielle Expansion und die Schaffung neuer Firmen, während ein Labyrinth von lokalen Steuern und wirtschaftlichen Einschränkungen oft sogar benachbarte Märkte füreinander unerreichbar machte. Und in den ökonomisch weiter fortgeschrittenen Gebieten ersuchten die Industriellen die Regierung oft um Schutzzölle, während sie im gleichen Atemzug ein Ende der traditionellen internen Beschränkungen der Produktion verlangten.

Zugewanderte und örtliche Großproduzenten in den wirtschaftlich weiter entwickelten Kronländern waren nicht die einzigen, die nach der Aufhebung der von den traditionellen Beschränkungen der Produktion verursachten Lasten verlangten. Während der zweiten Hälfte des achtzehnten Jahrhunderts hatte sich die kaiserliche Staatsverwaltung zunehmend dazu verpflichtet, eine einheitliche Wirtschaftspolitik für die gesamte Monarchie zu entwickeln. Das war nicht einfach, denn das Reich selbst bestand aus einer Ansammlung von Gebieten, von denen jedes andere Rechte und Privilegien im Verhältnis zur Zentralregierung in Wien – und in keinem Verhältnis zueinander –

genoß. In der zweiten Hälfte des achtzehnten Jahrhunderts führten Österreichs Herrscher ständig neue Programme zur politischen Zentralisierung, wirtschaftlichen Rationalisierung, regionalen Spezialisierung und zum verstärkten Wirtschaftswachstum ein, oft gegen den starken politischen Widerstand der Landadligen, die in den Reformen einen direkten Angriff gegen ihre eigenen lokalen Vollmachten sahen. Die Ziele der Herrscher waren politisch wie auch ökonomisch. Indem sie regionale Märkte zu lebensfähigen Territorialeinheiten zusammenfügten, hofften sie eine größere Integration der politisch und geographisch dezentralisierten Donaumonarchie zu erreichen. Eine politische und wirtschaftliche Zentralisierung würde wiederum helfen, Österreichs internationales Prestige wiederzubeleben.

Die als Reformer geltenden Habsburger Maria Theresia (1740–1780) und ihre Söhne Josef II. (1780–1790) und Leopold II. (1790–1792) schufen die Basis für die weitere Ausbreitung des Kapitalismus und eine industrielle Revolution in Österreich. In der Hoffnung, eine Klasse von landwirtschaftlichen Kleinproduzenten zu schaffen, mischten sie sich in die rechtlichen Beziehungen zwischen Bauern und ihren Herren ein. Sie machten es in vielen Gebieten leichter für Nichtadlige, die hochverschuldeten aristokratischen Güter aufzukaufen, und boten als Anreiz oft den Adelstitel an. Bis 1848 waren fast ein Drittel der adligen Güter im Land Niederösterreich in die Hände von bürgerlichen Besitzern übergewechselt. Ihre neuen Besitzer setzten im großen Maßstab bahnbrechende kapitalistische Methoden in der Landwirtschaft und ein neues System der kommerziellen Produktion ein. Während die österreichischen Herrscher die Zölle auf im Ausland hergestellte Waren erhöhten, senkten sie gegen Ende des achtzehnten Jahrhunderts einige interne Zollschranken erheblich. Sie förderten eine verbesserte Transportinfrastruktur und unterstützten technologische Neuerungen in der Industrie, indem sie die Einwanderung qualifizierter Handwerker förderten und denjenigen Unternehmern Privilegien anboten, die innovative industrielle Prozesse einführten. In einigen Industrien unterwanderten die neuen Gesetze die Macht der Zünfte, indem sie die Handwerker dazu zwangen, entweder die neuen Methoden und Technologien anzuwenden oder den Verlust ihrer Lizenzen zu riskieren.

Zur selben Zeit entzogen die Herrscher den Landtagen allmählich entscheidende administrative Vollmachten und übergaben sie der blühenden Zentralbürokratie. Als Instrument, mit dem die Habsburger versuchten, die Gesellschaft zu formen, sollte die wachsende kaiserliche Bürokratie die Kenntnisse von Experten anbieten, eine politische Linie formulieren und sie rücksichtslos durchsetzen. Die Beamten selbst entwickelten ein Bewußtsein ihrer besonderen Rolle im beschleunigten Prozeß des Staatsaufbaus im späten achtzehnten Jahrhundert und identifizierten im allgemeinen ihre Interessen mit denen des reformierenden Staates, von dem sie ihr Mandat herleiteten, sich in den gesellschaftlichen Prozeß einzumischen.

Diese Reformära kam nach dem unerwarteten Tod Leopolds II. im Jahr 1792 zu einem abrupten Ende. Bedroht vom Schreckgespenst sozialer Unruhen, die von der Revolution in Frankreich entfesselt wurden, machte Leopolds Sohn Franz II./I. seinen Frieden mit dem Adel. Er tat es jedoch nicht, indem er die zentralistischen Errungenschaften seiner Vorgänger aufgab, sondern indem er ihre beeindruckende bürokratische Maschinerie für sozial konservativere Zwecke nutzbar machte. Die nächsten fünfzig Jahre hindurch erfüllte die Bürokratie die ungewohnte und oft unbehagliche Rolle als Erhalterin des konservativen Status quo. Dieser Wandel ließ beim unternehmerischen Großbürgertum allmählich ambivalente Gefühle gegenüber ihrem früheren Helden, der Staatsbürokratie, entstehen und machte es empfänglich für die Klagen des traditionellen städtischen Bürgertums über die Einmischung der Regierung in örtliche Angelegenheiten. Die Bürokratie hatte im für das Großunternehmertum positiven Sinne die Liberalisierung der lokalen und überregionalen Wirtschaft gefördert. Außerdem bot die schnell wachsende Staatsverwaltung den gebildeten Söhnen des alten Stadtbürgertums und auch des neuen Wirtschaftsbürgertums weiterhin neue Karrieremöglichkeiten und sozialen Aufstieg. Waltraud Heindls neuere Untersuchung der Welt des kaiserlichen Beamtentums[2] dokumentiert in brillanter Weise, wie diese großbürgerliche Invasion in eine bis dahin adlige Domäne die Verwaltung veränderte. Trotz eines adligen Monopols auf die höchsten Positionen verkörperte die Bürokratie als Ganzes bald während des Vormärz die bürgerlichen Tugenden der Sparsamkeit, der harten Arbeit und der regelmäßigen Arbeitszeit. Trotzdem ärgerte sich die mittelständische und großbürgerliche Gesellschaft nach 1800 über die wachsenden Restriktionen, die einer aufstrebenden Zivilgesellschaft von einem anmaßenden und konservativen Staat auferlegt wurden. Während so die Bürokratie unter Franz II./I. zum Instrument der Erhaltung des wirtschaftlichen und sozialen Status quo wurde, gaben viele Mitglieder des Bürgertums ihr ausdrücklich die Schuld an der Behinderung des sozialen und wirtschaftlichen Fortschritts.

Obwohl die Bürgergesellschaft der Bürokratie die Einmischung – ihr „Vielzuvielregieren“ und „Durchregieren“ – übelnahm, war sie sich dennoch des potentiellen Nutzens der staatlichen Institutionen bewußt. Die österreichischen Liberalen unterstützten wie ihre Kollegen in anderen Teilen Mitteleuropas die Existenz eines mächtigen zentralisierten Staates, nicht weil – wie viele argumentiert haben – sie selbst die Beamten waren, die eine Reform von unten fürchteten, und auch nicht weil ihre Meinungen von den Traditionen eines mächtigen Staates vereinnahmt worden waren. Statt dessen bot der Staat ihnen ein fertiges Instrument, mit dem sie der österreichischen Gesellschaft ihre eigene Vision aufzwingen konnten. Der Zentralstaat gab den Liberalen eine beispiellose Gelegenheit in die Hände, das Gesetz in gleicher Weise auf alle Österreicher anzuwenden, unabhängig von betrieblichen Loyalitäten und Länderprivilegien, und dadurch eine neue Gesellschaft von verantwortlichen Bürgern zu schaffen. Indem die österreichischen Liberalen ein System von einheitlichen Regeln ausarbeiteten, nach denen alle leben sollten, versuchten sie, den Staat zu einem mächtigen Garanten der individuellen Rechte des Bürgers umzuformen. Sie wollten dies nicht etwa durch eine Einschränkung oder Zerstörung der Macht des Staats erreichen, sondern durch die Beseitigung von Mißständen, um so die Staatsmacht durch die Schaffung eines Rechtsstaates auf liberale Ziele zu lenken. Darin schienen sie sich von ihren britischen Kollegen zu unterscheiden, die, obwohl sie sich bei der Unterstützung in ihren Handelsunternehmungen auf den Staat verließen, es vorzogen, sich auf lokale Initiativen als Quelle von Reformen zu konzentrieren. Sie ähnelten vielmehr ihren französischen Kollegen des neunzehnten Jahrhunderts, für die der Zentralstaat auch als Instrument diente, um aus Vertretern einzelner Stände und Gemeinden Staatsbürger zu schaffen.

Während der Zeit von 1780 bis 1848 scheint das städtische Bürgertum eine starke unabhängige kulturelle Identität entwickelt zu haben, die es zunehmend von den sozialen und kulturellen Maßstäben der adligen Gesellschaft unterschied. Während das Großbürgertum die kulturellen Maßstäbe des Adels teilweise in seine neu entstehende soziale Welt übernahm, legte es gegenüber dem zweiten Stand ebensooft eine selbstbewußte moralische Überlegenheit an den Tag. In ihren interessanten Untersuchungen der Sitten und Moral in Österreich im späten achtzehnten Jahrhundert hat Ulrike Döcker gezeigt,[3] wie die Schaffung neuer öffentlicher Verhaltensmaßstäbe das neu entstehende Bürgertum verunsicherte. Trotzdem lobten Handbücher für öffentliche Sitten, die zwischen 1780 und 1790 veröffentlicht wurden, die Unabhängigkeit und die Arbeitsethik des Bürgertums und konstrastierten diese Tugenden mit der imaginierten Untätigkeit des Adels. In den 1830er Jahren waren diese Einstellungen typisch für die städtische Gesellschaft der Mittelklasse geworden. In bezug auf die Erhebung seines Vaters in den Adelsstand im Jahr 1836 sah sich zum Beispiel Leopold von Hasner aus Prag genötigt, darauf hinzuweisen, daß weder er noch seine Schwestern im geringsten vom neuen Titel ihrer Familie beeindruckt waren: „[W]ir verachteten, was nicht auf sich selbst beruht, und glaubten des Scheines eines Standesunterschiedes entbehren zu können, vor dem wir in Wirklichkeit keinen Respekt hatten.“[4]

Die Verbreitung dieser Werte und Einstellungen fand im wesentlichen im Kontext der Vereine statt, die im achtzehnten und frühen neunzehnten Jahrhundert von Vertretern des österreichischen Mittelstandes und Wirtschaftsbürgertums geschaffen wurden. In einem sich überschneidenden Netz von professionellen, philanthropischen und Geselligkeitsorganisationen lernten unterschiedliche berufliche Gruppen ihre sozialen und politischen Gemeinsamkeiten kennen und schufen schnell das Gefühl eines größeren Gruppen- oder Klasseninteresses. Wenn auch nicht vollkommen frei von direkter staatlicher Einmischung, so boten diese Vereine dem Bürgertum trotzdem einen unabhängigen sozialen Raum, in dem es alternative soziale Visionen entwickeln konnte. Diesem Raum kam in der Herausbildung einer zivilen Gesellschaft im Österreich des Vormärz eine ausschlaggebende Rolle zu.

Von der Mitte des achtzehnten Jahrhunderts an bestimmten einige zeitlich aufeinanderfolgende Statuten die Gründung und Existenz der Vereine. Ein Gesetz von 1764 beweist, daß die Wiener Regierung bereits ein Konzessionssystem für die Regulierung solcher Organisationen eingerichtet hatte. Wer einen Verein gründen wollte, mußte bei der jeweiligen Landesverwaltung die Erlaubnis dazu einholen und Mitgliederlisten, Statuten und eine Liste der Absichten und Ziele des Klubs vorlegen. Von den 1760er Jahren an verboten oder regulierten einige Erlässe auch die Mitgliedschaft in Freimaurerlogen. Mit der Radikalisierung der Revolution in Frankreich begann die Regierung, in jedem Verein ein Potential für Anstiftung zum Aufruhr zu sehen. Im Jahr 1791 wurden Administratoren dazu ermahnt, alle „bedenkliche[n] und gefährliche[n] Zusammenkünfte, Klubs, oder wie solche Winkelgesellschaften und sich geheim haltende Innungen ihre Konventikeln immer nennen mögen" strikt zu überwachen.[5] Und tatsächlich gipfelten Regierungsuntersuchungen 1794 und 1795 im Verfahren gegen einige österreichische Jakobiner und in deren anschließender Hinrichtung. Aufrührerische politische Klubs und Verschwörungen waren nicht auf Wien beschränkt: Wenn man Polizeiberichten Glauben schenken darf, tauchten sie auch in Ungarn, Kärnten, der Steiermark, Tirol und Oberösterreich auf. Schließlich zwang 1801 ein Gesetz die Beamten zu schwören, daß sie keiner geheimen Gesellschaft beigetreten waren – eine Vorgehensweise, die die Existenz der Freimaurer in Österreich beenden sollte.

Nach den Napoleonischen Kriegen trugen jedoch schlechte wirtschaftliche Bedingungen zu einer Entspannung der offiziellen Haltung gegenüber Vereinen und ihrer Zielsetzung bei. Nun förderte die Regierung Organisationen, die durch ihre karitativen oder Selbsthilfeaktivitäten entweder einige der sozialen Verpflichtungen der Regierung übernahmen oder sich darum bemühten, einen wirtschaftlichen Aufschwung in Gang zu bringen. Gegen Studentenorganisationen wie die Burschenschaften bezog die Regierung allerdings weiterhin energisch Position. Obwohl in den 1840er Jahren für kurze Zeit ein oder zwei davon existierten, waren Burschenschaften, die anderswo in Mitteleuropa so wichtig für die Wiederbelebung des öffentlichen Lebens waren, in Österreich eher selten. Und Metternich widersetzte sich weiterhin leidenschaftlich und prinzipiell allen Vereinen, selbst denen, die für karitative Zwecke gegründet worden waren. Es wird berichtet, daß er sie als „die deutsche Pest" bezeichnete.[6]

Innerhalb der Vereine entwickelten die Mitglieder neue Formen der Interaktion und Kommunikation. Die beitragszahlenden Mitglieder wählten einen Vorstand, der den Verein im Interesse der Mitglieder verwaltete. Bei kontroversen Themen wurde idealerweise nach einer offenen und öffentlichen Diskussion über mögliche Alternativen abgestimmt. Die Erfahrungen, die die Mitglieder in diesen Verfahren machten, dienten der Formulierung allgemeiner Interessen innerhalb der neuen, vielfältigen Klasse des Bürgertums. Diskussionen, Abstimmungen und das Ausarbeiten von Kompromissen in diesem privilegierten, aber öffentlichen Raum halfen den Mitgliedern, Bündnisse einzugehen und einen allgemeinen Konsens zu finden, indem sie herausarbeiteten, wo genau sich die jeweiligen Gruppeninteressen überschnitten. Und während das Vereinsleben dazu beitrug, eine Reihe von neuen Werten des Mittelstandes zu definieren und zu verbreiten, tendierte es auch dazu, die Macht der traditionellen, ständischen sozialen Kategorien zu unterwandern. Mitgliedschaft und Führungspositionen in Vereinen verliehen ihren Inhabern sozialen Status: „Wollte man gewisse Ehrungen erreichen", merkt ein Historiker des Wiener Bürgertums im Vormärz an, „dann war ein solches Engagement unumgänglich."[7]

Bis 1848 bildeten die Vereine einen halböffentlichen Rahmen, in dem Personen zusammenkamen, die im üblichen Prozeß der Formulierung von Politik keine Stimme hatten, um gemeinsame Anliegen bezüglich der Gemeinschaft und des Staates zu artikulieren. In diesem Prozeß bedienten sie sich einer Rhetorik, die es vermied, Themen in politischen Begriffen abzuhandeln. Die Verfügung der Regierung gegen offene politische Aktivitäten hatte so den unbeabsichtigten Effekt, die Reformdiskussionen in allgemeinere, moralische Bahnen zu lenken. Vereinsmitglieder übernahmen eine Rhetorik, die ihre Interessen gegen den in alle Lebensbereiche eindringenden Staat und gegen alle nur auf den Eigennutz bedachten Interessengruppen absetzte. Wie in anderen Teilen Mitteleuropas glaubten die Klubmitglieder, daß ihre Organisationen eine alternative moralische und soziale Ordnung zu der des Staates darstellten, und zwar eine, die die allgemeinen Probleme der gesamten Gemeinschaft besser reflektiere. Sie kleideten ihre politischen Ideale in eine idealistische Rhetorik der Tugend und sahen schließlich in der politischen Reform einen moralischen Imperativ und nicht mehr einen taktischen Versuch, ein begrenztes Ziel zu erreichen. Diese Orientierung zeigt sich in der Art und Weise, in der die Vereinsstatuten die Regeln einer anderen Art von Gesellschaft offerierten, einer Gesellschaft, in der zum Beispiel jeder Bürger durch sein Engagement in der Organisation aktiv die Verantwortung für die Aufrechterhaltung des Wohles der gesamten Gemeinschaft übernahm.

Zu den wichtigsten Vereinen des Vormärz mit dem Ziel der Formulierung einer öffentlichen Meinung zählten die Gewerbe- und die Lesevereine. Beide Gruppen definierten sich als unabhängig von der Regierung und der Kirche, was auf die karitativen Organisationen, die sich während des Vormärz ebenfalls stark verbreiteten, weniger zutraf. Beide verstanden ihren Zweck im Sinne eines Dienstes an der Öffentlichkeit, ob das nun ihre eigene Fortbildung oder die der Allgemeinheit bedeutete, die Arbeit an der Verbesserung der Wirtschaftsbedingungen oder die Einrichtung von Selbsthilfeprogrammen zur Unterstützung und Organisierung der Bedürftigen und Arbeitslosen.

Von den vielen Lesevereinen des Vormärz haben die Historiker ihre besondere Aufmerksamkeit dem *Juridisch-Politischen Leseverein* zugewandt, zum Teil, weil sich seine Mitgliederliste wie ein *Who's who* der Ministerien nach 1848 liest, und zum Teil, weil sein Standort in Wien ihn ins Zentrum mehrerer politischer Konflikte stellt. 1841 als Diskussionsklub gegründet, zählte der *Leseverein* bis zum Ende des Jahres 1847 mehr als 200 beitragzahlende Mitglieder. Rechtsanwälte und Beamte machten die größte Berufsgruppe unter den Mitgliedern aus, gefolgt von Rechtsanwaltsgehilfen, Universitätsprofessoren, Ärzten, Industriellen, Kaufleuten und ein paar Adligen. Der jährliche Mitgliedsbeitrag von mehr als zehn Gulden beschränkte die Mitgliedschaft nicht nur auf die Reichsten, und wer ihn sich dennoch nicht leisten konnte – hauptsächlich Studenten – bewarb sich um eine außerordentliche Mitgliedschaft mit einem herabgesetzten Beitrag.

Der *Juridisch-Politische Leseverein* stellte seinen Mitgliedern eine Bibliothek mit fast 700 Büchern und Zeitschriften zur Verfügung. Jedes Jahr feilschte der Verein mit den Zensoren über sein Abonnement von ausländischen Zeitschriften. 1841 zum Beispiel strichen die Zensoren zwölf Zeitungen von der vom Klub vorgeschlagenen Liste von 56, einschließlich aller politischen und literarischen Zeitschriften. 1843 gab die Polizei dem Verein die Erlaubnis, die *Leipziger Zeitung* zu abonnieren, die führende Zeitung im östlichen Deutschland, und auch Ignaz Kurandas linksorientierten *Grenzboten.* Im folgenden Jahr durfte der Verein auch die gemäßigten französischen Zeitschriften *Le Constitutional* und *Le Siècle* bestellen. Es ist auffallend, daß der Verein kein Interesse daran gezeigt zu haben scheint, politische oder andere Zeitschriften aus England zu beziehen. In späteren Jahren wurden der Liste andere Zeitschriften aus dem Rheinland und aus Italien hinzugefügt, obwohl zuvor gewährte Genehmigungen für einige Zeitschriften oft widerrufen wurden. Infolgedessen schmuggelten Mitglieder wie auch ausländische Gäste oft Kopien verbotener Zeitschriften und Bände aus Frankreich, der Schweiz und den übrigen deutschen Staaten ein. Der Polizei zufolge, die gelegentlich Razzien in der Bibliothek des Klubs veranstaltete, beherbergte sie mehr als sechzig offiziell verbotene Titel.

Der Verein versuchte regelmäßig, öffentliche Vorträge zu aktuellen Fragen abzuhalten, wobei er die Themen oft „tarnte“, um eine polizeiliche Genehmigung für die Veranstaltungen zu bekommen. Diese Maßnahme wurde notwendig, weil die Polizei dazu überging, die vom Verein geplanten Vorträge unter dem geringsten Vorwand abzusagen. 1844 genehmigte die Polizei zum Beispiel einen Vortrag über die Strafvollzugsreform, strich aber einen Vortrag über Phrenologie, weil sie behauptete, das Thema hätte wenig mit dem erklärten Zweck des Vereins zu tun. Als ein populärer Juraprofessor der Universität Wien, Baron Anton Hye, eine Reihe von Vorträgen zur Geschichte des österreichischen Strafrechts ankündigte, informierte die Polizei den Verein, daß das häufige Abhalten von Vorträgen im Gegensatz zu den Vereinsstatuten stünde. Der Verein stellte daraufhin den Antrag, Vorträge zu einem Teil seines offiziellen Programms zu machen, und verwies auf die erfolgreichen Beispiele der Lesevereine in Graz und Innsbruck, wo Vorträge ein anerkannter Teil der Klubaktivitäten waren. Die Regierung ließ sich aber nicht erweichen, und von diesem Zeitpunkt an mußten Vorträge und Diskussionen informell und privat abgehalten werden. Doch selbst die Regierungszensur hatte ihre Grenzen. Der Verein blieb trotz wiederholter Versuche der Wiener Polizei, ihn zu schließen, geöffnet, und das vor allem – Ironie des Schicksals – dank der Bemühungen jener Mitglieder, die Regierungsposten innehatten.

Lesevereine in Graz und Innsbruck erfüllten für die örtlichen Bürger eine ähnliche Funktion wie der *Juridisch-Politische Leseverein* in Wien. Auch sie waren aus informellen Diskussionskreisen entstanden und dienten als Sammelpunkte für die Erörterung von Themen auf Orts-, Landes- und Nationalebene; auch sie hatten ihre Probleme mit der Polizei. 1846 intensivierte die Regierung ihre Zensurbemühungen und berichtete von Unregelmäßigkeiten im traditionell eher konservativen *Joanneum* in Graz, obwohl ein Grazer Historiker behauptet, daß die Diskussionen in den örtlichen *Bürgerlichen Ressourcen,* in Cafés und im Theater politisch weit offener waren als die im *Joanneum.* In Innsbruck konfiszierte die Polizei tatsächlich einige verbotene Zeitschriften aus dem *Lesekasino* der Stadt.

Die Gewerbe- und Industrievereine waren für die Entwicklung einer aktiven, liberalen politischen Kultur genauso wichtig wie die Lesegruppen: Es waren dies vor allem der 1828 in Prag gegründete *Verein zur Ermunterung des Gewerbegeistes in Böhmen,* der 1837 in Graz gegründete *Verein zur Beförderung und Unterstützung der Industrie und der Gewerbe in Innerösterreich* (mit Filialen in Klagenfurt und Laibach) und der 1838–1839 in Wien gegründete *Niederösterreichische Gewerbeverein.* Jeder dieser Gewerbevereine erwuchs aus einer örtlichen Initiative, die die Zentralregierung dazu zwingen wollte, die Unternehmensinteressen aktiver und effektiver zu unterstützen. Bis in die 1840er Jahre hatten sie eine breite Koalition aus Fabrikanten, Kaufleuten, Handwerkern und Industriellen rekrutiert, die eine umfassende Reform des Bank- und Kreditwesens und der Zollgesetze forderten.

Die Industrievereine waren in bezug auf ihre Forderungen hinsichtlich Zöllen und den möglichen Vorzügen des freien internationalen Handels alles andere als einer Meinung. In den Jahren vor 1848 bedeuteten die zunehmenden Beschwerden der Industriellen und Kaufleute über die staatliche Wirtschaftspolitik nicht, daß sie selbst eine einheitliche Position in der Handelspolitik einnahmen – im Gegenteil. Ihre Einheit lag in der gemeinsamen Forderung nach der Einführung eines Systems der Vertretung, das ihnen eine Stimme in der Formulierung einer politischen Linie garantieren würde. Als sich im ersten Drittel des neunzehnten Jahrhunderts eine kritische Fachliteratur entwickelte, um neue Formen sozialer Organisation und ökonomischer Produktion zu verfechten, tendierten die Industrievereine dazu, statt spezifischer Änderungen in der Wirtschaftspolitik allgemeine politische Reformen zu fordern. Dieser mangelnde Konsens in Sachen Wirtschaftspolitik war im gesamten neunzehnten Jahrhundert, besonders in Mitteleuropa, typisch für die Liberalen. Die Forderungen nach Freihandel und ungehindertem Zugang zu den Ressourcen, die die liberale Rhetorik prägten, reflektierten mehr als alles andere einen theoretischen Glauben an ideale Freiheiten. In Österreich kam die Unterstützung für den Freihandel im allgemeinen von den Besitzern großer Industriekonzerne und von staatlichen Beamten, die darin die notwendige Grundlage für die Ziele ihrer ehrgeizigen Außenpolitik in Mitteleuropa sahen. Handwerker und Industrielle, die den Wettbewerb fürchteten – wie auch die meisten Textilhersteller – stellten sich gegen den Freihandel und gegen eine Mitgliedschaft im Zollverein. Bezüglich der damit im Zusammenhang stehenden Fragen des freien Arbeitsmarktes und interner Marktbeschränkungen waren sich die Produzenten jedoch im allgemeinen einig, daß die komplexen lokalen Gesetze, die Unternehmer daran hinderten, neue Betriebe zu gründen, und den Arbeitern versagten, in neue Arbeitsverhältnisse einzutreten, liberalisiert werden mußten.

Die Industrievereine fanden zu einer Rhetorik des gemeinsamen Gruppeninteresses gegen den von ihnen als untätig empfundenen Staat und eine Bürokratie, die alle potentiell fortschrittlichen wirtschaftlichen Entwicklungen blockierte. Diese Vereine waren bestrebt, die öffentliche Aufmerksamkeit auf die relative wirtschaftliche Rückständigkeit Österreichs zu lenken. Das Interesse der Öffentlichkeit an diesem Thema nahm im zweiten Viertel des neunzehnten Jahrhunderts deutlich zu und wurde als Antwort auf eine Debatte über den möglichen Beitritt Österreichs zum Zollverein in den Jahren zwischen 1830 und 1840 akut. Nach einer 1845 vom *Niederösterreichischen Gewerbeverein* in Wien finanzierten Ausstellung brachte ein frustrierter Ökonom die Hoffnung zum Ausdruck, dieses Ereignis würde „endlich das Bewußtsein der Gemeinnützigkeit gewerblicher Bestrebungen beleben, die Privatinteressen durch jene des Staates heiligen“.[8] Die Industrievereine regten diese Gewerbeausstellungen nicht nur an, um die Regierung in ihrem Sinne zu beeinflussen, sondern sahen sie auch als Teil einer weiterreichenden Selbsthilfestrategie, die einerseits potentielle ausländische Käufer mit österreichischen Produkten bekanntmachen und andererseits den Mitgliedern ausländische Märkte und Technologien nahebringen sollte. Der Grazer *Verein zur Beförderung und Unterstützung der Indusrie und der Gewerbe in Innerösterreich*, der sich 1847 einer Mitgliedschaft von 2391 Personen rühmte, half einzelnen Mitgliedern, ihre ökonomischen Ressourcen zu erweitern, indem er ihnen günstige Kredite und neue Technologien zur Verfügung stellte.

Die Industrievereine diskutierten auch die Vorteile der verschiedenen Arbeitsführungstechniken, die innerhalb der Arbeiterklasse eine größere Disziplin – oder Harmonie, wie sie es formulierten – fördern sollten. Darin kommt eine zweite schwerwiegende Anklage gegen die Regierung zum Ausdruck, die man in Kreisen der Mittelklasse oft hörte: daß die Regierung nicht bereit sei, etwas gegen die gefährliche soziale Unsicherheit der unteren Klassen zu unternehmen. Die Angst vor einem wie auch immer gearteteten Angriff auf ihren Besitz war oft ausschlaggebend für den Beschwerdekatalog der Mitglieder an die Regierung und veranlaßte sie dazu, innerhalb ihrer Klubs ein begrenztes Programm zur sozialen Verbesserung einzuführen. Einige ökonomische, philanthropische und karitative Vereine befaßten sich, wie ein Klub es formulierte, mit der „Wohlstands- und dadurch Sittlichkeitserhöhung der unteren Menschenklassen“.[9] Einige versuchten die Tugenden der Arbeitsamkeit und Sparsamkeit als einen Weg zur Besserstellung dieser Klassen zu propagieren. So stellten die Vereine nicht nur ein Forum für die Entwicklung von neuen, auf einer breiten Basis stehenden Mittelklassewerten bereit; sie setzten auch alles daran, diese Werte auf andere soziale Klassen auszudehnen.

Die Mitgliederlisten der Vereine bestätigen einen wichtigen Sachverhalt, der zu Beginn dieses Kapitels bereits angeschnitten wurde: daß nämlich die sozialen Grenzen dieses neu entstehenden Bildungs- bzw. Wirtschaftsbürgertums nicht einfach streng nach Beruf oder ökonomischem Status festgelegt, sondern unter dem Gesichtspunkt der lokalen Wahrnehmung von sozialen Verhältnissen konstruiert wurden. Bis zur Mitte des neunzehnten Jahrhunderts definierten Besitz und ein gewisses Maß an Bildung diese gemeinsame Bürgerkultur viel stärker als traditionelle ständische Loyalitäten. Individuelle Mitgliedschaftsregeln, Klubbeiträge und Bildungsbedingungen liefern konkrete Beispiele für die unterschiedlichen Abstufungen von Exklusivität, mit denen der örtliche Bürger definiert wurde. Fachleute wie Journalisten, Rechtsanwälte, Ärzte und Notare, Ladenbesitzer, kleine und große Unternehmer, Beamte und örtliche Grundbesitzer machten normalerweise die Mehrheit der Klubmitglieder aus. Doch die spezifischen Grenzen dieser Teilnehmerklasse hingen eher von lokalen Bedingungen ab und weniger von den dem Individuum eigenen Qualitäten. Mochten die Bürger den Freihandel, die Mitgliedschaft im Zollverein oder die Aufhebung von Arbeitsbeschränkungen unterstützen oder sie ablehnen: Im Endeffekt definierten sie ihre Identität vor allem nach dem Wert des produktiven Besitzes. Produktion schuf Besitz, und mehr als alles andere machte dieser Bildung, individuelle Reflexion über die Welt und Weiterentwicklung möglich. Reflexion und Bildung förderten wiederum das Bewußtsein eines größeren Gemeinwohls, das angeblich über alle anderen Einzelinteressen hinausging.

In seiner lesenswerten Abhandlung zur Geschichte des deutschen Liberalismus im neunzehnten Jahrhundert charakterisiert James J. Sheehan das letzte Drittel des achtzehnten Jahrhunderts in Mitteleuropa als eine Zeit, in der man den Ursprung einer „politischen Öffentlichkeit“ finden kann, das heißt „eine kleine, aber entscheidende Gruppe von Männern, die versuchten, außerhalb des existierenden administrativen, kirchlichen und ständischen Establishments Verbindungen aufzubauen". Im Österreich der 1840er Jahre war diese „politische Öffentlichkeit" im Vergleich zu ihren bescheidenen Anfängen in der städtischen Geselligkeit des achtzehnten Jahrhunderts und den ersten Vereinen erheblich angewachsen. „Ohne viel von Freiheit gehört zu haben", erinnerte sich Leopold von Hasner an diese Periode in Prag, „begann ein freier Geist in uns zu keimen." Ungeachtet der polizeilichen Zensur und bürokratischer Regeln charakterisierten eine wachsende intellektuelle Vitalität und wirtschaftliche Dynamik das gesellschaftliche Leben in den Großstädten Österreichs. Im Jahre 1842 konstatierte Eduard von Bauernfeld in seinen Tagebuchaufzeichnungen eine Veränderung unter seinen Wiener Mitbürgern: Er nannte sie „ernsthaft" und merkte an, es gäbe „[k]ein bedeutendes Moment der Gegenwart ... welches der Wiener-Mittelstand nicht in sich aufnähme. ... In Wien ist in den letzten zehn Jahren mehr gelesen worden, als früher in einem Jahrhundert. Die Masse der Bücher und Schriften, besonders in politischer Literatur und Belletristik, welche die Residenz consumiert, ist ungeheuer. Factisch ist es, daß es in Wien nicht an Gelegenheit fehlt, sich jede interessante literarische Erscheinung der Gegenwart zu verschaffen und daß man sich dieser Gelegenheit mit Eifer bedient." Zusammenfassend schloß Bauernfeld, daß „keine neue Idee in Wien unbekannt oder in den gebildeten Classen der Gesellschaft unbesprochen bliebe".[10]

Während der letzten Jahre des Vormärz propagierten mehrere Schriftsteller Reformvisionen, die sich zum Großteil in ihrem Inhalt substantiell unterschieden, die aber alle damals als liberal angesehen wurden. In seinem zweibändigen, 1843–1847 in Hamburg veröffentlichten Buch *Österreich und dessen Zukunft* kritisierte der hohe Staatsbeamte Victor von Andrian-Werburg die bürokratische Mißherrschaft und regte an, dem Landadel als Schritt in Richtung der Reform des Feudalsystems, der Entwicklung einer größeren lokalen Selbstverwaltung und verbesserter Bildungseinrichtungen mehr Macht zu geben. In *Deutsche Worte eines Österreichers* (Hamburg 1843) lehnte der Journalist und Schriftsteller Franz Schusselka die Idee ab, der Adel könne eine Kraft des Wandels sein, und fordert den Kaiser statt dessen dazu auf, sich auf das Volk zu verlassen und ein „Bürgerkönig" zu werden. Ignaz Kuranda, ein ursprünglich aus Böhmen stammender jüdischer Journalist, veröffentlichte erst in Brüssel und später in Leipzig die äußerst einflußreiche Zeitschrift *Die Grenzboten*. In detaillierten Berichten, oft aus dem industrialisierteren Böhmen und Mähren, kritisierten Kurandas *Grenzboten* wiederholt die Unfähigkeit der österreichischen Regierung, effektive wirtschaftliche Führungskraft zu beweisen, und favorisierten eine Rückkehr zu den Maßnahmen des Josephinismus.

Während die Innenpolitik in den Jahren zwischen 1830 und 1840 von seiten des städtischen Mittelstandes zunehmender Kritik ausgesetzt war, wurde sie gleichzeitig auch in einigen Landtagen zum Brennpunkt einer wiederauflebenden Opposition zur Regierung. Obwohl jeder Landtag seine Forderungen auf lokale Fragen konzentrierte, fanden sich im wachsenden Chor der Opposition in den 1840er Jahren auch gemeinsame Elemente, über die im folgenden ein kurzer Überblick gegeben werden wird. Außerdem verstärkte das Erscheinen mehrerer anonymer Reformmanifeste in den 1840er Jahren zusammen mit der Veröffentlichung von Dokumenten und Protokollen aus den böhmischen und niederösterreichischen Landtagen in den *Grenzboten* das Gefühl einer koordinierten, überregionalen Opposition.

Die meisten Reformprogramme, seien sie von Individuen veröffentlicht oder in den Landtagen entwickelt, strebten ein Ende des Feudalsystems und der Robot auf dem Lande und eine Lockerung der Zensur in den Städten an. Manche forderten auch mehr Einfluß für die Landtage in Zollfragen und eine stärkere Vertretung des städtischen und ländlichen Bürgertums in diesen Institutionen. Schon 1833 hatte der Niederösterreichische Landtag (wo die wirtschaftsbürgerlichen Landwirtschaftsinteressen sehr stark waren) einen Antrag an die Regierung gestellt, die lästigen, mit dem Feudalsystem verbundenen Verpflichtungen durch eine Form von staatlich finanzierter Verwaltung zu ersetzen. Mitte der 1840er Jahre forderten wirtschaftsbürgerliche und adlige Landbesitzer, Beamte und Vertreter der Städte ein Ende der Robot und des Zehnten; weiters eine Steuerreform, das Recht auf Haushaltsprüfung, die Einsetzung eines Reichsparlaments in Wien und eine größere Vertretung der Bürgerklasse. In einer Petition des Jahres 1845 verurteilte der Niederösterreichische Landtag die Staatszensur scharf. Ein Jahr später schlug derselbe

Landtag die Schaffung einer landwirtschaftlichen Kreditbank, Gemeindereformen, die Einführung einer Einkommenssteuer, eine Verringerung der indirekten Verbrauchssteuern, die Veröffentlichung des Staatshaushaltes und das Recht, neue Steuern zu verabschieden, vor. Schließlich wies der Landtag auf die beklagenswerte Situation der Tagelöhner und Landarbeiter hin und warnte, daß das Versäumnis der Regierung, auf diese Forderungen zu reagieren, eine bereits instabile Situation weiter verschärfen würde. Mit derselben Reformrhetorik stellte auch der Steirische Landtag einen Antrag auf das Ende des Agrarfeudalismus. 1845 bestanden der Böhmische und der Mährische Landtag ebenso auf ihrem Recht, den Regierungshaushalt zu verabschieden, und 1847 lehnten sie die Forderung der Regierung nach einer Erhöhung der Grundsteuer ab. 1838 schlug der Wiener Bürgermeister Ignaz Czapka, selbst ein konservativer Bürokrat, vor, daß die Grundbesitzer und Unternehmer ein Bürgerkomitee wählen sollten, dem in der Festlegung der Wirtschaftspolitik der Stadt eine, wenn auch beschränkte, Rolle zukommen sollte.

In den 1840er Jahren erfüllten die allgemeine Unzufriedenheit mit den Bedingungen für ein Wirtschaftswachstum und die Furcht vor sozialen Unruhen Beamte, Industrielle, Facharbeiter, Handwerker und Grundbesitzer gleichermaßen mit Sorge. Mehrere Gruppen außerhalb der Landtage kritisierten die Unfähigkeit der Regierung, mit den Unruhen effektiv umzugehen, und drängten auf baldige Reformen, um weitere Aufstände zu vermeiden. Das allgemeine Bewußtsein für das Vorhandensein eines sozialen Problems wurde Mitte der 1840er Jahre durch eine Reihe von Vorfällen geschärft. So führten 1842 Mißernten und Inflation im gesamten Reich zu Ausbrüchen von Gewalt unter Bauern und Arbeitern. Blutige Bauernaufstände terrorisierten 1846 die polnischen Grundbesitzer in Galizien und ließen die Furcht vor ähnlichen Gewaltausbrüchen innerhalb der Landbevölkerung anderswo in der Monarchie aufkommen. In Brünn, Eger, Prag, Pilsen und Reichenberg unterstrichen Aufstände von arbeitslosen Textil- und Bauarbeitern – wie die in Lyon und Schlesien – die gefährlichen sozialen Implikationen der sich verschlimmernden wirtschaftlichen Bedingungen. Kritiker beklagten die Weigerung der Regierung, sich um eine Lösung jener grundlegenden Wirtschaftsprobleme zu bemühen, die ja erst der Auslöser für diese Aufstände gewesen waren. Und obwohl das Militär 1844 und 1846 in Böhmen und Mähren energisch auf seiten der Arbeitgeber eingriff, hatten dieselben Arbeitgeber keine Probleme damit, die Versäumnisse der Regierungspolitik für den ursprünglichen Ausbruch der Gewalt verantwortlich zu machen. In einem Kommentar zu den Prager Unruhen von 1844 behaupteten die oppositionellen *Grenzboten*, daß die Regierung unter Josef II. weit bessere Voraussetzungen gehabt habe, mit solchen sozialen Problemen fertigzuwerden. Die Zeitung kritisierte das gegenwärtige Regime besonders dafür, daß es die Inflation der Lebensmittelpreise nicht gestoppt habe. Dennoch hat Wolfgang Häusler recht, wenn er schreibt: „Alle diese Kritiker befürworteten nicht eine Revolution zur Beseitigung der auch von ihnen als unerträglich empfundenen Zustände, sondern forderten mehr Rechte, sei es für den Adel, sei es für das Bürgertum.“[11]

Ende des Jahres 1847 sah sich die kaiserliche Regierung in Wien einer sozialen und finanziellen Krise gegenüber, die drohte, zusätzlich zu einer politischen Krise zu werden. Eine weitere Mißernte und ein harter Winter hatten nicht nur die Wahrscheinlichkeit von neuerlichen Gewaltausbrüchen in den Städten und unter der Landbevölkerung erhöht; wachsende Finanzprobleme ließen dem Staat darüber hinaus auch keinerlei Spielraum zur Entschärfung der sozial angespannten Lage. In Graz riefen die neu auferlegten Steuern unter den Bürgern wie auch innerhalb der Arbeiterklasse gleichermaßen bittere Reaktionen hervor. Bürgermeister und Statthalter erhielten Drohbriefe, während über Nacht Plakate in den Straßen der Stadt auftauchten, die an die Jakobinischen Komplotte erinnerten. In einigen Städten wuchs die Zahl der Arbeitslosen, der Obdachlosen und der Mittellosen in alarmierendem Maße an. Grundbesitzer mußten hilflos mitansehen, wie die Macht des Staates, die Ordnung aufrechtzuerhalten, nach und nach zusammenbrach. Das ganze Jahr 1847 hindurch drängten immer neue Wellen von arbeitslosen Textilarbeitern aus Böhmen und Mähren mit ihren Familien nach Wien, in der Hoffnung, hier Arbeit in der Bahnindustrie zu finden. Ein Drittel der Bevölkerung der Industriestadt Linz war auf Almosen angewiesen. Vielen Beobachtern zufolge mehrten sich Berichte von städtischer Kriminalität und Trunkenheit. Selbst die Hoflieferanten waren auf ihrem Weg von der Stadt zum Schloß Schönbrunn Ziel von Angriffen.

Die Regierung scheint sich 1848 durchaus im klaren darüber gewesen zu sein, daß die Kräfte der Mittelklasse und der Landtage die Unruhen dazu ausnützen könnten, um politische Konzessionen zu erzwingen. Koalitionen aus liberalen Grundbesitzern und reformwilligen Beamten, die 1847 versuchten, eine Lösung für allgemeine wie auch spezifische wirtschaftliche Probleme zu erarbeiten, stießen mit ihren Vorschlägen bei der Regierung auf taube Ohren. Als Reaktion verschärften sie ihre Forderungen nach mehr Vollmachten in der Gesetzgebung, wodurch sie die Regierung zwangen, ihrer eigenen Vermutung Ausdruck zu verleihen, daß eine liberale Verschwörung Bemühungen koordinierte, die Regierung in den verschiedenen Landtagen zu sabotieren. Am 4. März 1848 warnte die offizielle Regierungszeitung die Wiener Bürger öffentlich davor, illegale politische Aktionen zu starten. Die *Wiener Zeitung* erinnerte ihre Leser an die Gefahren des Sozialismus und an die Bedrohung, die das Beispiel der ersten Französischen Revolution für alle Besitzer von Privateigentum darstellte. Sie beschwor die Namen von Babœuf und seinen Mitverschworenen herauf und warnte: „Unter diesen Umständen gibt es nur ein Mittel des Heils: festes Anschließen der Regierten an ihre Regierung und treue und ehrliche Pflichterfüllung in der Stunde der Gefahr auf jedem Standpunkte und innerhalb jeder Klasse der Gesellschaft.“[12]

Solche Ängste der Regierung vor der Opposition waren nicht unbegründet. Teile der Mittelklasse und der Landtage in Wien, Graz, Prag und anderswo beobachteten mit Argusaugen die prekäre finanzielle Situation Österreichs und nutzten jede sich bietende Gelegenheit sofort für ihre eigenen politischen Zwecke. Neben der Unterstützung von wohltätigen Organisationen, die zum Beispiel Lebensmittel und Brennholz an die Bedürftigen verteilten, organisierten die Mitglieder des *Juridisch-Politischen Vereins* in Wien private Bankette, wo sie offen politische Reformvorschläge debattierten. Die meisten Mitglieder gingen davon aus, daß eine Kombination von staatlichem Bankrott und sozialen Unruhen bald das absolutistische System zu Fall bringen würde. Gegen Ende des Jahres 1847 kam ein Mitglied von einer Reise nach Paris zurück und sagte den bevorstehenden Sturz der Julimonarchie und die drastischen politischen Konsequenzen, die dieses Ereignis im öffentlichen Leben Österreichs auslösen würde, voraus.

1848: Die Schaffung einer liberalen Öffentlichkeit

> Der Zweck des Vereins ist die ehemöglichste Begründung der constitutionellen Ordnung der Dinge.
>
> Statuten zur Bildung des Vereins der Freunde der Constitutionellen Ordnung und wahren Freiheit (Wien 1848) 3.

> [Wir sind nun] berufen, alle uns zu Gebothe stehenden Mittel anzuwenden, um durch Debatte, Presse und Wort den hereinbrechenden Gefahren zu begegnen.
>
> Adolf Chaises (Hg.), Vorträge des Dr. Schütte und politische Debatten der Gesellschaft der Volksfreunde (Wien 1848) 7.

Im Jahr 1848 kämpften die österreichischen Liberalen darum, die Gesellschaft zu revolutionieren. Sie entwarfen das Modell eines verantwortungsbewußten, aktiven Bürgertums und versuchten einen politischen Rahmen zu schaffen, innerhalb dessen die kulturell so unterschiedliche Bevölkerung der Monarchie miteinander in Einklang gebracht werden sollte. Sie verwandelten den freiwilligen Verein von einer Privatinitiative einzelner Personen zum Paradigma einer Gesellschaft von Bürgern, einem Paradigma, das als Inspirationsquelle und auch als Instrument für gesellschaftliche Veränderungen dienen konnte. Von März bis Oktober arbeiteten die städtischen Bürger Österreichs an einer öffentlichen politischen Kultur, innerhalb derer die unterschiedlichen gesellschaftlichen Gruppierungen sich darum bemühten, ihre eigenen gesellschaftlichen Visionen zu verwirklichen und die Rückzugsgefechte ihrer Gegner zu blockieren. Im Jahr 1848 kamen und gingen revolutionäre Regierungen, aber die Schaffung eines öffentlichen Raumes, in dem sich Bürger versammeln konnten, um auf die Politik des Staates Einfluß zu nehmen – diese Revolution blieb weiter bestehen und führte zu einem grundlegenden Wandel der sozialen Verhältnisse des Bürgertums. Die wachsende Zahl örtlicher politischer Clubs, von Wahlorganisationen und politischen Parteien, die Ausbreitung der *Bürgergarden* und der politisch-kritischen Presse schufen die Vision einer neuen Art Staatsbürgerschaft für

Österreicher aller sozialen Schichten, auch für Frauen, Tagelöhner und Fabrikarbeiter. Zusammen mit dieser politischen Kultur entwickelten die österreichischen Bürger eine Rhetorik, mit der sie ihre sich ändernden sozialen Verhältnisse verstehen und erklären konnten. Sie begannen einen Diskurs, der für den Rest des Jahrhunderts als ideologisches Fundament liberaler und deutschnationaler Politik dienen sollte.

In den meisten österreichischen Städten entstand dieser neue öffentliche Raum für einen politischen Diskurs auf dem Hauptplatz, dem traditionellen Mittelpunkt für die öffentliche Artikulation von Mißständen. In Wien entwickelte sich die Märzrevolution aus informellen Diskussionen während der vorhergehenden Monate, aus gegen die Regierung gerichteten Plakaten, aus Petitionen, die von prominenten Vereinen organisiert worden waren, und schließlich aus einer Demonstration auf jenem Platz, wo die niederösterreichischen Stände tagten. Die Nachricht von einer Revolution in Frankreich hatte Wien bereits im Februar erreicht und eine Panik an der Börse ausgelöst. Anfang März scheinen öffentliche Diskussionen unter den Wiener Gebildeten und Besitzern über ihre eigene Zukunft das gesellschaftliche Leben bestimmt zu haben. Einige Kultur- und Standesorganisationen in Wien hielten informelle politische Diskussionen und Sitzungen ab, in denen die weitere Vorgehensweise abgesprochen wurde. Die meisten Teilnehmer sahen im Zögern der Regierung eine Gelegenheit, Beschwerdepetitionen zu unterbreiten. In der Woche vor dem 13. März forderten der *Niederösterreichische Gewerbeverein* und der *Juridisch-Politische Leseverein* Metternichs Rücktritt und das Ende der Zensur. Schon bald stellten größere Gruppen von Bürgern, organisiert von prominenten Mitgliedern dieser Vereine, weiterreichende Forderungen.

In der Zwischenzeit forderte Ludwig von Löhner die radikaleren Mitglieder des *Juridisch-Politischen Lesevereins* dazu auf, die Angelegenheit selbst in die Hand zu nehmen und den Verein in eine politische Partei umzuwandeln. In einer Sitzung am 1. März rief Löhner seine Kollegen zur offenen Revolte auf und erinnerte sie daran, daß es bisher keine rechtlichen Möglichkeiten gebe, die herrschenden unerträglichen Umstände zu ändern. Diejenigen Mitglieder, die ihm zustimmten, gründeten die *Lesevereinspartei* und veröffentlichten am 4. März in einer Leipziger Zeitung das bis dahin tiefgreifendste Reformprogramm. Dieses Dokument mit dem Titel „Vorschläge der österreichischen Bürger zu einer Reform der Staatsverwaltung im Sinne des gesetzlichen Fortschritts“ war das erste, das ein spezifisches politisches Programm vermittelte, welches aus einem einheitlichen bürgerlichen Weltbild erwachsen war. Anders als die vorsichtigeren Initiatoren der früheren Petitionen forderten seine Autoren eine grundlegende Neugestaltung der Regierungs- und Verwaltungsstruktur. Sie forderten die Bewaffnung der Bürgerschaft durch die Regierung, die Beschneidung der weitreichenden Vollmachten der Polizei, die Abschaffung der Zensur und die Verwirklichung des Prinzips der Bürgervertretung im Niederösterreichischen Landtag. Darüber hinaus wurde in der Petition die Forderung nach einer Rechtsreform, nach religiöser Toleranz, einer Reform des Bildungswesens, einer Institutionalisierung des Rechts auf Petitionen und nach der Schaffung eines gemeinsamen Landtages in Wien für die gesamte Monarchie aufgestellt.

Anders als die meisten Liberalen Anfang März entwarf Löhner als Ergänzung zu diesen radikalen Forderungen auch eine revolutionäre Strategie. Er drängte die Führer der Reformbewegung im Landtag – viele von ihnen Mitglieder des *Juridisch-Politischen Vereins* – dazu, die Initiative zu ergreifen. Bei der nächsten Sitzung sollen die Stände sich zu einer permanenten Körperschaft, das Vaterland in Gefahr und Metternich zum Staatsfeind erklären. Gleichzeitig sollten Tausende von Pamphleten die Bevölkerung von dieser Initiative informieren, die ja für ihre Belange durchgeführt worden war. Falls nötig würde ein allgemeiner Aufstand des Volkes folgen, um die Revolte der Liberalen zu unterstützen. Löhner rechtfertigte diese illegale Strategie mit der Behauptung, daß friedliche Initiativen die Regierung zu keiner Reform bewegen würden, „weil das Volk über keine gesetzliche Handhabe verfüge, um seine Forderungen wirksam unterstützen zu können“.[13]

Die Oppositionsführer in den niederösterreichischen Ständen hatten jedoch ihre eigene Strategie entwickelt. Die reformnahen Beamten Baron Anton Doblhoff-Dier und Anton von Schmerling hofften,

Abb. 2: Ludwig von Löhner, Arzt und deutsch-böhmischer Liberaler im Jahr 1848.

die verfassungsmäßigen Rechte des Landtags zu erweitern, indem sie der in ihrem Handlungsspielraum eingeschränkten Regierung Zugeständnisse hinsichtlich des Finanzhaushaltes und der Legislaturrechte abrangen. Aus Furcht vor einer möglichen Verletzung von Privateigentum planten die Führer des Landtags auch, die Reformbewegung von der Straße fernzuhalten. Angesichts der verzweifelten wirtschaftlichen Lage der in den Industriebetrieben der Vororte angestellten Tagelöhner fürchteten die Politiker, die Kontrolle über drohende Massendemonstrationen zu verlieren. In einer bezeichnenden Entwicklung ging selbst Löhner von seiner früheren Forderung nach Anzettelung einer Revolte ab. Nachdem arbeitslose Textil- und Maschinenarbeiter am 10. und 11. März in den Vororten randaliert hatten, entschied Löhner, daß ein gewaltsamer Aufstand des Volkes nur dessen eigenen kurzfristigen Interessen, nicht aber der universellen Sache der Freiheit dienen würde. Am 13. März schlug er einer Versammlung der medizinischen Fakultät der Universität vor, den Kaiser zu ersuchen, die Studenten und die Korporationen zu bewaffnen, „damit nicht das Proletariat Herr der Bewegung werde"[14] – eine Gefahr, die die furchtbarsten Beispiele von Plünderung und Brandstiftung zur Folge haben würde.

Die Weigerung der Stände, eine offene Revolte anzuführen und die Abneigung der Bürger, Gewalt anzuwenden, taten wenig dazu, die gespannte Atmosphäre in Wien zu entschärfen. Anonyme Plakate erschienen, die Metternichs bevorstehenden Sturz vorhersagten und nach einem konstitutionellen Österreich riefen. Zeitgenossen berichten von einer erwartungsfrohen, optimistischen Stimmung, die alle Klassen zu durchdringen schien. Am Morgen des 13. März versammelte sich eine bunte Menge von Bürgern als interessierte Beobachter in den engen Gassen um das Landhaus, in dem der Niederösterreichische Landtag tagen sollte. Als eine große Gruppe von Studenten der Universität Wien eintraf, um ihre Petition zu unterbreiten, hatte die Menge bereits die benachbarten Straßen blockiert. Ein junger jüdischer Arzt, Adolf Fischhof, erhob sich, um zu den Anwesenden zu sprechen, während sie ungeduldig auf das Eintreffen der Landtagsmitglieder warteten. In seiner Forderung nach Pressefreiheit, Erziehungsfreiheit und einer nicht näher definierten Form von Gleichberechtigung innerhalb der verschiedenen Nationalitäten der Monarchie gab Fischhof den unterschiedlichen Begehren der Menge eine gewisse Geschlossenheit. Diesem Signal folgten schnell Ereignisse.

Von der Menge alarmiert schickte der Landtag eine Abordnung in die Hofburg, und für den Rest des Tages fand sich die kaiserliche Regierung in einer zunehmend verzweifelten Situation. Bis zum Nachmittag hatte sie das Militär gerufen und die Stadttore geschlossen, um die Arbeiter der Vororte daran zu hindern, sich den wachsenden Mengen in der Altstadt anzuschließen. In der Verwirrung, die dem Versuch der Armee folgte, die Straßen zu räumen, wurden fünf Menschen erschossen und viele weitere verwundet. Anstatt die Kontrolle über das Geschehen zurückzuerlangen, verloren die Behörden sie nun vollkommen. Gruppen von Arbeitern griffen Soldaten an, und in den Vororten war dies ein Signal für eben jene Zerstörung von Maschinen und Plünderungen, die die liberalen Revolutionäre befürchtet hatten. Diese Wendung der Ereignisse gab dem bis dahin eher unfokussierten Aufstand eine gewisse Richtung, indem sie Wiens führende Bürger zwang, Maßnahmen sowohl gegen die Truppen als auch gegen die Arbeiter zu ergreifen. Die Bürger begriffen die Ereignisse des Tages, so unerwünscht sie auch waren, als eine Gelegenheit, die Doppelfunktion von Verwaltung und Aufrechterhaltung der öffentlichen Ordnung zu übernehmen. Nicht bereit, ihr Schicksal der reaktionären Armee anzuvertrauen, und nicht willens, sich auf den unfähigen Staat zu verlassen, nahmen die österreichischen Haus- und Grundbesitzer die Angelegenheit selbst in die Hand.

Der Bürgermeister von Wien, selbst ein staatlicher Beamter, sprach offenbar für die Realitätenbesitzer, als er die Regierung darum bat, die im wesentlichen nur zu Repräsentationszwecken dienende *Bürgergarde* noch am selben Nachmittag zu vergrößern und zu bewaffnen, damit sie anstelle der unpopulären Armee die Aufgabe der Befriedung Wiens übernehme. Die Regierung, die unter großem Druck stand, zögerte, bevor sie diesem Schritt zustimmte, da sie befürchtete, daß eine verstärkte *Bürgergarde* ebenso leicht zum verlängerten Arm der sich ausbreitenden Revolution werden könnte. Innerhalb weniger Stunden sollte sich herausstellen, daß diese Furcht mehr als begründet war. Als sich die Situation innerhalb der Stadt zuspitzte und einige Mitglieder der *Bürgergarde* aus einem Regierungsgebäude heraus beschossen wurden, weigerte sich die *Bürgergarde* tatsächlich, auf seiten des Militärs gegen die Menge vorzugehen.

Am gleichen Nachmittag forderten auch die Universitätsstudenten Waffen für sich und riefen nach der Schaffung einer *Akademischen Legion,* um der *Bürgergarde* beizustehen und die Ordnung in der Stadt aufrechtzuerhalten. Einige Stunden später kapitulierte die Regierung, gerade lange genug, um sowohl die Gründung einer zahlenmäßig starken Bürgergarde in Wien wie auch einer bewaffneten *Akademischen Legion* zuzulassen. Zusammen mit der Entfernung der Armee aus der Stadt hatten diese Zugeständnisse eine außergewöhnliche Bedeutung für die Revolution. In der Nacht des 13. März eilten Bürger und Studenten zum Platz „Am Hof", um sich zu bewaffnen. Bis zum 15. März hatten sich mehr als 30.000 Männer entweder der *Bürgergarde* oder der *Akademischen Legion* angeschlossen und Waffen erhalten. Obwohl es in der allgemeinen Verwirrung auch einigen Arbeitern gelang, sich Waffen anzueignen, bestätigen zeitgenössische Berichte, daß die Mehrheit der *Bürgergarde* aus Vertretern des konservativen Besitzbürgertums sowie Mitgliedern von Standesvertretungen bestand. Die ersten Garden setzten sich vor allem aus älteren, wohlhabenden Männern zusammen: Rechtsanwälte, Ärzte, Beamte, Bankiers, Kaufleute und selbst einige Adlige. Ihre Banner und Wahlsprüche stellten den Ruf nach „Freiheit" der Forderung nach „Ordnung und Sicherheit" entgegen. In solchen Gardemottos reflektierte sich die Wahrnehmung ihrer Doppelfunktion: einerseits die der Regierung abgerungenen revolutionären Zugeständnisse zu verteidigen und andererseits die Ordnung zu wahren.[15]

Die einen Monat später in ganz Österreich von der neuen Regierung veröffentlichten Statuten für die National- oder Zivilgarden verrieten noch mehr über die Selbsteinschätzung des revolutionären Bürgertums und seiner sozialen Grenzen. Es war nur Individuen erlaubt, sich den Garden anzuschließen, „welche nicht an die Klasse der Handwerksgesellen, Dienstbothen, oder jenen gehörten, die sich vom Tag oder Wochenlohne erhalten".[16] Mit der gesonderten Erwähnung der Handwerksgesellen und Dienstboten bestätigte die neue liberalisierte Regierung den im Bürgertum vorherrschenden Glauben, daß ökonomische Unabhängigkeit ein verläßlicheres Maß für politische Reife war als selbst Einkommen. Wie wir noch sehen werden, galt für die Liberalen ökonomische Unabhängigkeit sogar als der verläßlichste äußere Maßstab für die Fähigkeit, in öffentlichen Angelegenheiten politische Vernunft sprechen zu lassen. Wirtschaftliche Unabhängigkeit oder politsche Vernunft wurden 1848 zu den wichtigsten Voraussetzungen der Liberalen für eine Teilnahme am öffentlichen Leben. Diese Ethik unterschied sich wesentlich von der demokratischeren Haltung der *Akademischen Legionen:* Viele ihrer Mitglieder kamen aus verarmten Familien und sympathisierten mit den wirtschaftlichen Forderungen der Tagelöhner und Arbeitslosen. Der von den Liberalen dominierte Wiener Gemeinderat war sich dieses Unterschieds sehr wohl bewußt. Er beobachtete die Wiener *Akademische Legion* mit großem Mißtrauen und versuchte mehr als einmal, sie aufzulösen.

Die Revolution war nicht von Bürgergruppen angezettelt worden, und genaugenommen hatten sich die prominenteren Vereine sogar geweigert, die Revolte in ihrem Anfangsstadium anzuführen. Am 14. März zum Beispiel hatte der *Juridisch-Politische Leseverein* ein mit dem Wort „Pressefreiheit" verziertes Banner von seinem Balkon gehängt, während Ludwig August Frankl die erste unzensierte Veröffentlichung in Wien, ein die Universität verherrlichendes Gedicht, verlas. Am 15. März hatten sich wiederholt Menschenmassen beim *Leseverein* versammelt, in der Hoffnung, daß von dort eine wie auch immer geartete Initiative ausginge. Obwohl Klubmitglieder im Laufe des Abends nicht weniger als siebzehnmal flammende Appelle an die Menge richteten, weigerte sich die Organisation, eine aktive Rolle in der Revolution zu übernehmen. Dafür traten andere liberale Bürger ins Rampenlicht, um der Revolution eine Richtung zu geben. Diese Entwicklung zeigt sich sowohl in der Initiative zur Schaffung der Nationalgarden als auch in den Bemühungen der Bürger in den folgenden Tagen, die Kommunalregierung zu übernehmen. Am 15. März trafen fünfzig selbsternannte Vertreter der Wiener Bürger mit Bürgermeister Czapka zusammen, mit dem Ziel, ein provisorisches Bürgerkomitee zu wählen, das die Kommunalgeschäfte weiterführen sollte, bis ein neuer Stadtrat gewählt werden konnte. Diese Persönlichkeiten wählten ein durch und durch bürgerliches Exekutivkomitee, dessen enge soziale Zusammensetzung nicht unbedingt die diversen Interessen der unabhängigen Wirtschaftstreibenden Wiens repräsentierte. Auch wenn es in seiner wirtschaftlichen Orientierung eher konservativ war, bestand dieses neue Komitee dennoch auf einer radikalen politischen Unabhängigkeit vom früheren Regime. Seine erste Aktion war, den sofortigen Rücktritt Bürgermeister Czapkas auf Grund seiner langjährigen Verbindung mit dem Metternich-Regime zu fordern.

Im März 1848 versuchten Bürger in mehreren anderen österreichischen Städten, die Macht in den lokalen und regionalen Verwaltungen zu übernehmen. In Graz diente eine bevorstehende Sitzung des Steirischen Landtages ähnlich dem Treffen des Niederösterreichischen Landtages in Wien vom 13. März als Auslöser für Petitionen und Demonstrationen. Als Anfang März die Nachricht von den Ereignissen der Französischen Revolution eintraf, erschienen revolutionäre Pamphlete, die den Sturz des Regimes nahelegten. Eine radikale Flugschrift drängte: „Sei es immerhin welche Sprache ihr auch redet … reicht freundlich uns Deutschen jetzt die Hand, um das Joch abzuschütteln, wie der edle Franzose es am 24. Februar gethan.“[17] Die Behörden benutzten hier die *Gratzer Zeitung*, um die Grazer Bürger vor den Gefahren einer sozialistischen Revolution zu warnen. Doch am 14. März forderten Studenten der Karl-Franzens-Universität eine die Lehrfreiheit garantierende Verfassung, ein Ende der Zensur und das Recht, die Bürger zu bewaffnen und politische Vereine zu gründen. Eine Aufführung von Schillers *Don Carlos* am 14. März, nachdem Erzherzog Johann die Nachricht vom Fall Metternichs aus Wien überbracht hatte, rief beim hauptsächlich bürgerlichen Publikum bei jener Szene donnernden Applaus hervor, in der der Marquis von Posa Philip II. darum bittet, seinen Untertanen Redefreiheit zu gewähren. Am 15. März, während sich vor dem steirischen Landhaus Hunderte von Bürgern versammelten, präsentierten die Bürger von Graz den Führern des Landtages eine weitere Petition mit 600 Unterschriften.

Die liberalen Grazer Bürger verfolgten mit all diesen Reformen eindeutig das Ziel, in fast jedem Bereich des öffentlichen Lebens auf Kosten der kaiserlichen Bürokratie Macht zu erlangen: eine frei „von allen Bürgern aus der Mitte der gewerb- und geschäftstreibenden Bürger gewählt[e]“ Stadtregierung,[18] Beteiligung an der Festlegung der Steuerpolitik, das Recht, Beamte zu ernennen und zu entlassen, das Recht, der Polizei rechtliche Befugnisse zu entziehen, das Recht, Bildungspolitik zu bestimmen, Rede-, Gedanken- und Gewissensfreiheit, ein Ende der Zensur und der körperlichen Strafen, die Ersetzung der Polizei durch eine Volksmiliz und die Verbannung der Jesuiten. Die Bittschrift forderte sogar, das Militär solle einen Treueschwur auf die neue österreichische Verfassung ablegen. Auf demselben Treffen beschlossen die Grazer Bürger auch, ihre eigene *Bürgergarde* und *Akademische Legion* (in Graz Studenten-Freikorps genannt) zu organisieren. Schon am 13. März ermutigte der Kommandant der Repräsentationszwecken dienenden *Bürgergarde* alle Bürger, rote Armbänder anzulegen und sich zum Stadtzentrum zu begeben, um so ihrer Unterstützung für die Stadtregierung Ausdruck zu verleihen. Die Ge-

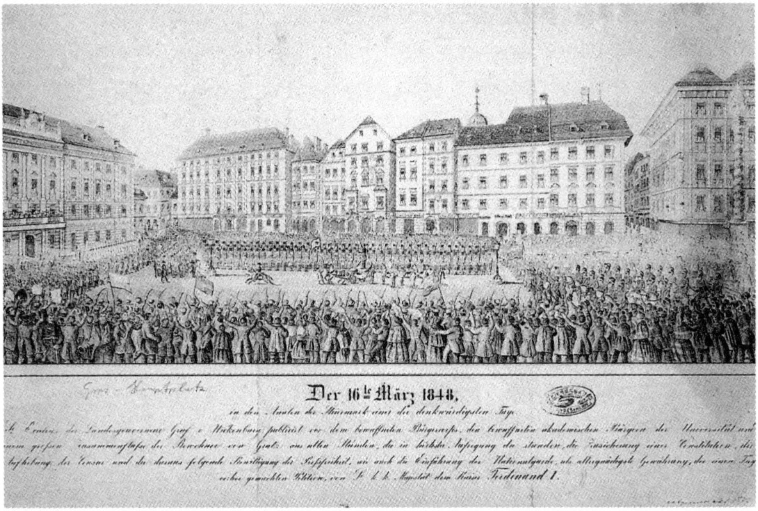

Abb 3: Die Märztage in Graz.

meinderegierung beschloß, fünfhundert Gewehre und dreihundert Säbel an diejenigen zu verteilen, die „des allgemeinen Vertrauens würdig“ waren,[19] d. h., die einen Anweisungsschein vorweisen konnten. Doch trotz der besten Absichten der Behörden gelang es wie in Wien einigen Gesellen und Tagelöhnern, an Waffen zu gelangen. Dieses Versehen erhöhte die Wachsamkeit der neuen Grazer *Bürgergarde* gegenüber ihren bewaffneten Kameraden aus der Arbeiterklasse.

In den folgenden Tagen gönnte sich das Grazer Bürgertum eine festliche Feier seines Sieges, und Beobachter wiesen stolz darauf hin, wie in den *Bürgergarden* Mitglieder des Adels mit Bürgern und niederen Beamten Schulter an Schulter marschierten. Theaterbesucher trugen deutsche oder steirische Farben, und Bürger verschiedener Herkunft trugen die patriotische Uniform der *Bürgergarde* mit Stolz als die neueste Mode. Der Jurastudent und spätere Minister Karl Stremayr erinnerte sich an die Begeisterung der Märztage: „Ich trat, wie nicht anders möglich, in die Studentenlegion.“[20] Die Ereignisse in Graz hatten weit weniger Gewalt hervorgerufen als die in Wien, obwohl das Potential für Lebensmittelplünderungen und soziale Konflikte nicht weniger akut war; tatsächlich gab es später im März einige Übergriffe auf Bäckereien und Metzgereien. Das steirische Wirtschaftsbürgertum hatte vom Machtverlust der kaiserlichen Regierung und von der Furcht profitiert, daß Gewaltausbrüche, wie sie in Wien passiert waren, leicht auch auf andere Städte übergreifen könnten. Das allgemeine Versprechen einer neuen Verfassung, verbunden mit der Nachricht von Metternichs Rücktritt, bannte für den Augenblick in Graz die Gefahr von Gewalt.

In Linz, einer Stadt mit einer bedeutenden Industrie und einer Bevölkerung mit hohem Arbeiteranteil, scheinen die Bürger den Verlauf der Revolution bestimmt zu haben. Obwohl die Linzer Bürger dem Oberösterreichischen Landtag später ein reformistisches Programm auferlegen werden, führten sie zu diesem Zeitpunkt keine entscheidende Petitionskampagne an. Statt dessen organisierten sie, nachdem sie am 14. März von der Kapitulation des Kaisers erfahren hatten, eine Reihe von regierungsfreundlichen Demonstrationen. Am nächsten Tag „fuhren mehrere Wagen mit Bürgern und Beamten dem mit Sehnsucht erwarteten Post-Courier von Wien entgegen", der Kopien der Proklamation des Kaisers brachte. „Hunderte von Menschen warteten auf die Ankunft desselben bei dem k.k. Postgebäude", berichtete ein Journalist.[21] Auf eine Feier am selben Abend im Landestheater folgte ein von der Liedertafel und dem *Industrie Verein* [sic] organisierter Fackelzug. Bürger und Studenten schlossen sich beide in Scharen der neuen Nationalgarde an, die wiederum die Stadt bewachte. Ein lokaler Beobachter nahm mit Befriedigung das Ausbleiben von Exzessen wie in Wien zur Kenntnis und unterstrich die Tatsache, daß der lokale Geschäftsbetrieb in Linz durch die Revolution nicht unterbrochen worden war.

Im Gegensatz zur Situation in den Kronländern, wo die Landtage einen Brennpunkt für die Forderungen des Volkes bildeten, sollte der Böhmische Landtag in Prag im März 1848 nicht zusammentreten. Außerdem unterminierte die komplexe Frage des politischen Nationalismus relativ rasch die revolutionäre Einheit der Bürger und gab den Ereignissen des März 1848 einen wesentlich anderen Charakter als in Wien. Die meisten politisch aktiven böhmischen Bürger kamen aus der tschechischsprachigen Intelligenz, hauptsächlich weil die Formierung eines starken bürgerlichen Klassenbewußtseins in Prag Hand in Hand mit der aktiven Schaffung eines tschechischen Nationalbewußtseins gegangen war. Eine radikale Gruppe von tschechischen bürgerlichen Intellektuellen ergriff mit geringer deutscher Beteiligung die revolutionäre Initiative, indem sie für den 11. März ein öffentliches Treffen organisierte. Die Gruppe wollte eine Petition vorbringen, die außer Gemeindeautonomie und der Abschaffung der Zensur die Vereinigung von Böhmen mit Mähren und Schlesien unter einer zentralen Verwaltung in Prag, die Einführung der tschechischen Sprache in den Schulen und die Abschaffung der Bauern-Robot forderte. Der wohl interessanteste Punkt der Petition betraf die Forderung nach einer gesetzlichen Regelung der Arbeit und Bezahlung von Tagelöhnern. Dieser Entwurf wurde dem liberalen tschechischen Rechtsanwalt August Brauner zur Überarbeitung vorgelegt. Als bürgerliches Mitglied der wachsenden tschechischen Nationalbewegung strich Brauner die sozialen Forderungen aus der Petition und verstärkte ihren nationalen und bürgerlichen Charakter. Anstelle des ursprünglichen Interesses an der gesetzlichen Regelung von Arbeitsverhältnissen verlangte dieser Entwurf die Einrichtung einer Bürgergarde, um die Gesellschaft vor den Gefahren proletarischer Unruhen zu schützen.

Eine Reihe von prominenten deutschen Bürgern, einschließlich wohlhabender Mitglieder des *Bürger Casinos* [sic], unterschrieb die erste Petition trotz ihrer tschechisch-nationalistischen Untertöne. Die meisten von ihnen fürchteten den Ausbruch eines Volksaufstandes in Prag und hofften, durch die Teilnahme an der konstitutionellen Bewegung etwas Einfluß auf die Geschehnisse ausüben zu können. Im Augenblick war die Stimmung in Prag nach der Nachricht von Metternichs Sturz und der Abschaffung der Zensur triumphierend. Bürgerliche Aktivisten und Studenten beider Nationalitäten beeilten sich, nach Wiener Vorbild eine *Bürgergarde* und eine *Akademische Legion* zu gründen.

Es ist auch durchaus möglich, daß den deutschen Bürgern, die sich zu diesem Zeitpunkt mehr um ihren Besitz als um ihre nationale Position als Deutsche Sorgen machten, die volle Tragweite der tschechisch-nationalistischen Forderungen nicht klar war. Außerdem zogen es manche Mitglieder der deutschsprachigen Bevölkerungsgruppe vor, sich als Böhmen zu fühlen, statt sich politisch mit einer der beiden ethnischen Gruppen zu identifizieren. Nach der Märzrevolution entzweiten nationalistische Unterschiede jedoch tschechische und deutsche Realitätenbesitzer in Prag mehr und mehr, so daß schließlich eine eigene tschechische und eine eigene deutsche liberale Fraktion entstand. Als im April die Nachricht eintraf, die Regierung habe nur Teilen der Prager Petition zugestimmt, aber die Behandlung der kontroversen nationalistischen Punkte aufgeschoben, randalierten nationalistische tschechische Aktivisten in den Straßen. Eine radikalere Petition wurde entworfen und abgeschickt, von den sich zum Deutschtum bekennenden Bürgern jedoch nicht unterschrieben. In der Folgezeit stritten Liberale unter den Deutschen und Tschechen genausosehr miteinander, wie beide die Regierung in Wien und die Tagelöhner bekämpften.

Wie anderswo in Mitteleuropa patroullierte die Nationalgarde nun in gefährdeten Stadtteilen und hielt in jenen österreichischen Städten, die von Arbeiterunruhen bedroht waren, die Ordnung aufrecht. Doch in vielen Städten der Donaumonarchie, die keineswegs von sozialen Problemen betroffen waren, formten die Liberalen ebenfalls Einheiten der Bürger- oder Nationalgarden. In Czernowitz schlossen sich Theologie- und Philosophiestudenten mit lokalen Bürgersöhnen zusammen, um eine deutsche Nationalgarde in der Bukowina zu gründen. Ihre Führer waren neben zwei hochrangigen Beamten ein Lehrer, ein Apotheker und ein Oberförster. Die meisten ihrer Aktivitäten hatten mit der Behandlung von Vorfällen wie der sogenannten „Katzenmusik" oder eingeschlagenen Fensterscheiben bei unbeliebten Hausbewohnern zu tun. Solche Gardekompanien in den kleineren Provinzstädten in ganz Österreich erklärten es zu ihrem Ziel, die neugewonnenen Freiheiten zu schützen und „Ruhe, Sicherheit [und] Ordnung" durchzusetzen, wobei oft unklar war, gegen welchen Feind. Eine Salzburger Zeitung behauptete, daß im Fall von „Unruhen"[22] „der moralische Einfluß der Bürger auf ihre Mitbürger, die durch viel zartere Bande aneinander geknüpft sind, immer stärker und gewichtiger [ist]"[23], während die brutale Einmischung der Armee nur Erbitterung bewirken würde.

Anfangs erwies sich die Mitgliedschaft in den *Bürgergarden* als populär, da sie die aktive Teilnahme der einzelnen Bürger in der Märzrevolution symbolisierte. In vielen österreichischen Städten verkörperte die Garde den Stolz einer vielschichtigen Mittelklasse, die die Verantwortung für die Gemeinderegierung und das öffentliche Eigentum übernommen hatte. Dieser Stolz beschränkte sich nicht allein auf die Mitglieder der Bürgergarden. Im Frühjahr und Sommer des Jahres 1848 gründeten bürgerliche Frauen oft Hilfsorganisationen, um Geld zu sammeln und Flaggen für die örtlichen Gardekompanien zu nähen. In der gesamten Monarchie erwuchsen um die Stiftungen dieser Farben großangelegte Feiern.

Die neuen Institutionen spielten auch in der Entstehung einer neuen liberalen politischen Kultur der Mittelklasse eine entscheidende Rolle. Einheiten der Zivilgarden oder provisorische Stadträte dienten als neue öffentliche Foren, in denen politische Ideologien und Strategien diskutiert werden konnten und dem Bürgertum eine legitime Stimme bei der Festlegung von Politik und der Aufrechterhaltung der Ordnung zukam. In den nächsten Monaten schuf die deutsche Mittelklasse auf der Grundlage ihrer bekanntesten sozialen Tradition, des Vereins, andere Organisationen als Foren für den politischen Aktivismus. Der Aufstieg spezifisch politischer Klubs stellte 1848 für das städtische deutschsprachige Wirtschaftbürgertum eine neue institutionelle Entwicklung dar. Trotz ihrer geringen Zahl an Mitgliedern trugen diese wenigen politischen Klubs im Jahr 1848 entscheidend zur Schaffung eines liberalen Diskurses und liberaler Traditionen in Österreich bei. Basierend auf den von den Aktivisten während des angeblich unpolitischen Vormärz bestens vorbereiteten organisatorischen Grundlagen kombinierten diese neuen Klubs städtische kulturelle Traditionen mit neueren liberalen Ideologien.

Die Bürger von Wien, Graz, Czernowitz oder Prag mochten vielleicht politische Anfänger sein, aber sie wußten ganz genau, wie man einen Verein organisiert – eine Fertigkeit, die sie wiederholt damit demonstrierten, wie rasch sie während des Frühjahrs und Sommers des Jahres 1848 eine ganze Reihe politischer Klubs gründeten. Persönliche Berichte und Zeitungsartikel belegen, daß bereits wenige Tage nach der Märzrevolution gleichgesinnte Männer und Frauen sich regelmäßig in bestimmten Wiener Hotels zu treffen begannen. Ihr unmittelbares Ziel war, ein gewisses Maß an Kontrolle über die Richtung der revolutionären Ereignisse dieser Wochen zu erlangen. Das traf besonders auf die Radikalen zu, die den meisten Grund hatten, mit dem Sieg der gemäßigten Reform unzufrieden zu sein. Sie übernahmen nun die Führung in der Organisation der politischen Klubs. Sie nannten sich Demokraten und bedienten sich der Mittel von Ansprachen, Petitionen und Flugschriften, um die Regierung dazu zu bewegen, ihre konstitutionellen Zusagen einzuhalten, strengere Maßnahmen gegen die Konterrevolutionäre zu ergreifen, größeren Teilen des Volkes das Wahlrecht einzuräumen und zugunsten der wirtschaftlich notleidenden Handwerker und Arbeiter einzugreifen. Diese Aktivitäten lösten im Mai eine zweite Welle von revolutionären Ausbrüchen aus, so daß zu diesem Zeitpunkt die politisch Gemäßigteren begannen, sich gegen die von ihnen empfundene neue Bedrohung ihres Eigentums und Standes zu organisieren.

Der bekannteste der frühen sogenannten demokratischen Klubs in Wien, die *Gesellschaft der Volksfreunde,* wurde Anfang April 1848 von einer Gruppe gegründet, die sich im Hotel „Kaiserin von Österreich" traf. Nach ihren Statuten war es das Ziel der Gesellschaft, die Anhänger des Fortschritts zu einigen, um die Revolution vor Feinden von innen wie von außen zu schützen. In ihren Verfahrensregeln legten die Gründer eine ideale Verhaltensweise fest, die sich deutlich von der vermeintlichen Willkür des alten Regimes abhob. Wer Mitglied werden wollte, mußte erklären, „daß er alles dazu beitragen wird, um die konstitutionelle Monarchie aufrechtzuerhalten, und zwar auf der breitesten Basis", mußte einen „monatlichen kleinen Beitrag" bezahlen und verpflichtete sich, „wenigstens zweimal in der Woche" Treffen zu besuchen. Debatten wurden nach parlamentarischen Verfahrensweisen abgehalten. Die Mitglieder mußten ihren Wunsch zu sprechen im voraus beim Sekretär anmelden, der sie dann im entsprechenden Augenblick aufrief. Alle, die an den Debatten teilnehmen wollten, mußten vom Präsidenten aufgerufen werden, und es war verboten, „irgend einen Redner in seinem Diskours zu stören".[24] Ein Stenograph zeichnete die Debatten auf, die später von einem Komitee redigiert und als Protokolle veröffentlicht wurden. Fragen, die

Abb. 4: Die Ruhe nach dem Sturm. Während des Aufstandes im Mai 1848 geht das Leben um eine Barrikade in der Weihburggasse herum weiter.

bestimmte Entschlüsse des Klubs benötigten, wurden in einer Abstimmung entschieden. Zu den Aktivitäten der Gesellschaft zählten das Einbringen von Petitionen an die Regierung und die Veröffentlichung von Flugschriften und Plakaten, wenn man es für nötig erachtete, das Volk vor bestimmten Entwicklungen zu warnen oder politisch zu lenken. Aber vor allem sah sich die Gesellschaft als eine Schule zur Entwicklung der Fähigkeit ihrer Mitglieder, effektiv an öffentlichen Belangen mitzuarbeiten.

Während die Demokraten sich organisierten, um weitere Reformen durchzusetzen, verfolgten die politisch Gemäßigteren bald das Ziel, den Einfluß der Demokraten abzuschwächen. Am 15. Mai 1848 zwang ein zweiter Aufstand der Studenten und Arbeiter die Wiener Regierung, ein demokratischeres Wahlrecht für das österreichische Parlament zu garantieren. Am selben Tag veröffentlichte eine Gruppe von Gemäßigten ein Programm für eine neue Gesellschaft, die *Freunde der constitutionellen Ordnung und der wahren Freiheit.* Die *Freunde* verlangten die sofortige Einrichtung einer konstitutionellen Regierung, die Einstellung aller sogenannten kommunistischen und republikanischen Aktivitäten – die sie als „alle jene ungesetzliche[n] Demonstrationen, welche unter dem Deckmantel der Freiheit und Constitution nur den Stand der Anarchie herbeizuführen beabsichtigen“ definierten[25] – und richteten die Bitte an die Regierung, bessere Voraussetzungen für Gewerbe und Industrie zu schaffen. Diese Ziele reflektierten nicht nur die Befürchtungen der Realitätenbesitzer bezüglich der Macht der revolutionären Menge; sie waren auch Ausdruck der Frustration mit den sich ständig verschlechternden Wirtschaftsbedingungen in der Hauptstadt, besonders nach der im Mai erfolgten Übersiedelung des Hofes nach Innsbruck.

Doch auch diese Gemäßigten widersetzten sich vehement einer Rückkehr zur alten Ordnung, und ihr Programm brachte eine Mißbilligung der Anwendung „inquisitorischer Methoden“ durch die frühere Regierung zum Ausdruck. Der Verein versprach, Sorge zu tragen, „daß auch die Verwaltung, in allen ihren Zweigen mit der Verfassung übereinstimmend wahrhaft constitutionell gehandhabt werde“. Weiterhin machten die *Freunde* eine Art von Friedensangebot an die Arbeiterklassen, indem sie versprachen, „allen minder unterrichteten Staatsbürgern eine klare anschauliche Darstellung unserer, durch die erhaltene Constitution neu gestalteten Verhältnisse zu verschaffen". Sowohl radikale als auch gemäßigte Liberale fühlten sich dazu verpflichtet, auch den niedrigeren Klassen das Gefühl bürgerlicher Verantwortung zu vermitteln. Schließlich könnte die Tatsache, daß die Revolution hauptsächlich dank der Androhung von Gewalt Erfolg gehabt hatte, den Massen eine falsche Vorstellung des konstitutionellen Lebens gegeben haben. Der Verein betonte, „daß man in einem constitutionellen Staate auch auf dem gesetzlichen Weg Abhilfe von allen Mißbräuchen erlangen kann", statt auf gewaltsame Demonstrationen zurückzugreifen, die nur die wirtschaftliche Stabilität in Gefahr bringen würden.[26]

Die Mitglieder der *Freunde* gliederten sich hierarchisch in eine Gründergruppe, von der jeder mindestens 17 Gulden beisteuerte, in Mitglieder, die sechs Gulden jährlich bezahlten und in korrespondierende Mitglieder, die einen Gulden im Monat bezahlten. Gründer und Mitglieder durften als Vereinsfunktionäre dienen. Obwohl die Gruppe explizit die Idee einer neuen „Geldaristokratie" ablehnte, verdeutlichte diese Unterteilung in der Mitgliedschaft dennoch die wachsende Überzeugung der Liberalen, daß Reichtum, Bildung und soziale Leistung sehr wohl die relative Eignung eines Bürgers für öffentliche Ämter widerspiegelten.

Zwei andere erwähnenswerte gemäßigte Wiener Organisationen waren der *Österreichische Patriotenverein* und der *Konstitutionelle Verein.* Der erstere wollte die prekäre finanzielle Lage der Monarchie stabilisieren, indem er jeden Bürger dazu aufforderte, der Staatskasse wenigstens einen Gulden zu spenden. Unter den beitragszahlenden Mitgliedern, deren Namen Anfang September 1848 in einem Pamphlet veröffentlicht wurden, waren der Bankier Georg Sina und der Industrielle Rudolf Arthaber. Außer der Tatsache, daß es ihnen bis Ende September gelang, etwa 28.000 Gulden aufzubringen, ist über diese Gruppe wenig bekannt. Der *Konstitutionelle Verein* trat für die im September 1848 drängendste Sorge des Wiener Bürgertums ein: für die Wiederherstellung der öffentlichen Ordnung. Die Zahl der Mitglieder wuchs rasch auf 25.000, doch es gelang dem Klub nicht, die nötigen organisatorischen Strukturen aufzubauen, um zu einem effekti-

Abb. 5: Karoline von Perin in späteren Jahren. Eine der Gründerinnen des *Ersten Wiener demokratischen Frauenvereines* im Jahr 1848. Im November 1848 wurde Perin verraten und verhaftet. Obwohl sie nach München auswandern durfte, wurde ihr Partner Alfred Julius Becher von einem Exekutionskommando hingerichtet, ihr Vermögen wurde konfisziert, und die Vormundschaft über ihre Kinder wurde ihr entzogen.

ven politischen Instrument zu werden; bereits kurze Zeit später löste er sich wieder auf. Eine weitere, im allgemeinen gemäßigte Organisation, der *Erste Wiener demokratische Frauenverein*, wurde im August 1848 von Baronin Karoline von Perin und anderen gegründet, nachdem Gehaltskürzungen für Arbeiterinnen öffentliche Unruhen ausgelöst hatten. Eine anonyme Einladung an „edle deutsche Frauen" von „eine[r] deutsche[n] Frau" forderte alle interessierten Frauen auf, eine schwarz-rot-goldene Schleife auf der linken Brust zu tragen und ein Treffen im Volksgarten zu besuchen. „Wir wollen nicht als Amazonen auftreten", behaupteten die Organisatorinnen, „sondern unserem Berufe folgen und dort helfen, wo es Wunden gibt: Nicht Richterinnen, aber Vermittlerinnen seien wir!"[27]

Der *Erste Wiener demokratische Frauenverein* wollte Frauen und Mädchen aller Klassen lehren, Freiheit, Demokratie und das deutsche Nationalerbe zu lieben. Er behauptete, Frauen könnten nur dann einen höheren sozialen Stand erreichen, wenn die Regierung ein öffentliches Schulsystem gründete, den existierenden Lehrplan für

Mädchen änderte und das elende wirtschaftliche Los ärmerer Arbeiterinnen erleichterte. Der Verein bemühte sich auch darum, die allgemeinen Bedingungen für Frauen zu verbessern, indem er Geld für die Familien der in den jüngsten Aufständen Verletzten und für die Arbeiterinnen, deren Gehälter den Sozialhilfekürzungen zum Opfer gefallen waren, sammelte. Der zehnte Absatz der Statuten unterstrich die egalitären Ansprüche des Vereins: „Unter den Mitgliedern darf kein Standesunterschied sein. Man sagt einfach Frau oder Fräulein. Verheiratete Frauen haben vor den unverheirateten keinen Vorzug."[28] Trotz solcher Versicherungen war der Klub alles andere als immun gegen die sozialen Spannungen, die die liberale Bewegung in gemäßigte und radikale Demokraten spalteten, und der *Frauenverein* hatte seine eigenen Kontroversen. Bei einem Treffen im September 1848 zum Beispiel wollten die demokratischen Mitglieder die jüngste Weigerung der Wiener Vermieter verurteilen, die Eintreibung der Mieten von den durch die wirtschaftliche Krise hart getroffenen Handwerkern aufzuschieben. Perin aber hielt einen Aufschub der Mietzahlungen für einen Angriff auf das Privateigentum der Vermieter.

Der *Frauenverein* sah sich von seiten der Männer, die sich gegen eine aktive Beteiligung von Frauen an der Politik aussprachen, beträchtlichen Feindseligkeiten ausgesetzt. Männliche Zwischenrufer versuchten das allererste Treffen des Vereins am 28. August zu stören, und die Presse karikierte den Verein, indem sie ihn abwechselnd lächerlich machte oder seine Mitglieder in Kleidung und Verhalten als gefährlich unweiblich darstellte. Im September 1848 beklagte ein antisemitisches Pamphlet die Wahl Zortele Wertheimers, der „Perle einer Judenschaft", zur Präsidentin des Vereins und verurteilte alle Frauen, die „emancipiert vom Gefühle der Bescheidenheit, betäubt von der Cigare" die Rolle von Amazonen angenommen hatten, „welche das wahre Deutschtum nie billigen wird".[29] Nichtsdestoweniger machte der Verein für den Rest seiner kurzen Existenz weiterhin spezifisch weibliche Probleme publik. Neben anderen Aktionen organisierte Perins Verein am 17. Oktober 1848 eine Demonstration von 300 Frauen vor dem österreichischen Reichstag.

Die Mitgliederzahl in diesen Wiener politischen Klubs ist schwer zu schätzen, da sie je nach der aktuellen politischen Atmosphäre täglich schwankte. Der *Erste Wiener demokratische Frauenverein* zum Beispiel zählte gleichbleibend etwa vierzig Mitglieder. Die demokratische *Gesellschaft der Volksfreunde* in Wien konnte zu einem öffentlichen Treffen am 14. April 1848, wo sie die Regierung dazu aufforderte, eine auf Grund des allgemeinen (männlichen) Wahlrechts gewählte verfassungsgebende Versammlung einzuberufen, immerhin 6.000 Zuhörer anziehen. Innerhalb eines Tages nach ihrer Ankündigung gelang es der *Gesellschaft*, 20.000 Unterschriften für diese Petition zu sammeln. Dieser und andere demokratische Klubs in Wien mobilisierten für bestimmte Fragestellungen in einem speziellen Zeitraum des Revolutionsgeschehens im Jahr 1848 jeweils eine beeindruckende Anzahl von Anhängern. Doch diese Einzelereignisse sagen wenig darüber aus, wie viele Menschen tatsächlich die Treffen besuchten oder regelmäßig an den Klubaktivitäten teilnahmen.

In Graz schlossen sich angesehene Mitglieder des lokalen Bürgertums mit fortschrittlichen Staatsbürokraten und Grundbesitzern wie Moritz von Kaiserfeld zusammen und gründeten im Mai 1848 den liberalen *Constitutionellen Club*. Der *Constitutionelle Club* sandte Petitionen und Delegationen nach Wien und setzte sich zum Ziel, im Juni 1848 seine Mitglieder in den Reichstag zu entsenden. Ebenfalls im Juni gründeten die fortschrittlichen demokratischen Kräfte in Graz – Studenten, Schriftsteller, Kleinproduzenten und der Herausgeber der demokratischen Zeitung *Blätter der Freiheit und des Fortschritts* – ein Komitee zur Überwachung der Reichstagswahlen. Im August schloß sich eine Gruppe der Komiteemitglieder zum *Grazer demokratischen Verein* zusammen, der radikale politische Reformen forderte, obwohl er gleichzeitig betonte, wie wichtig es sei, diese auf legalem Wege zu erreichen. Außerdem gründeten liberale steirische Aktivisten den *Deutschen Verein,* der die sogenannten deutschen Interessen in der Steiermark vor slowenischen Angriffen schützen sollte. Dies wurde offensichtlich im Mai nach dem „Farbenstreit" notwendig, als slowenische Aktivisten öffentlich zum Ausdruck brachten, daß sie ein auf das Slawentum ausgerichtetes Österreich einem auf ein größeres deutsches Reich ausgerichtetes Österreich vorziehen würden.

Als eine tschechische Abordnung im April 1848 Autonomie für

die Länder der böhmischen Krone forderte, gründete Ludwig von Löhner in Wien den *Verein der Deutschen aus Böhmen, Mähren und Schlesien,* um die „stark bedrohten Interessen der Deutschen“[30] in diesen drei Kronländern zu verteidigen. Der neue Klub versprach, durch Petitionen an die Regierung, durch die Veröffentlichung von nationalistischen Pamphleten, die Korrespondenz mit den örtlichen deutschen Zeitungen und die Wahl von deutschen Abgeordneten in den Reichstag die deutschen Bürger auf tschechische Übergriffe auf ihr kulturelles Erbe aufmerksam zu machen. Er wollte die persönlichen Verbindungen seiner Mitglieder dazu nutzen, die Deutschen laufend über nationalistische tschechische Aktivitäten zu informieren. Löhners Gruppe war der einzige liberale deutsche Verein, der über eine einzelne Stadt oder Region hinaus ein Netz von lokalen Klubs errichtete. Im April und Mai 1848 organisierten sich in böhmischen Städten wie Eger, Karlsbad, Leitmeritz, Reichenberg, Saaz und Teplitz liberale deutsche Vereine. Ihre Gründungserklärungen beinhalteten Formulierungen, die Löhners Wiener Verein entliehen waren. Im Juni erweiterte der Verein seinen Wirkungsbereich, nahm Deutsche aus allen Kronländern auf und benannte sich entsprechend in *Verein der Deutschen in Österreich* um. Bis August waren 24 weitere Ortsgruppen dieses Vereins in Städten und Bezirken in Böhmen, fünf in Mähren und zwei in Schlesien aus dem Boden geschossen. In Wien hatte der *Verein der Deutschen in Österreich* etwa 200 Mitglieder. Die Teilnahme außerhalb von Wien beschränkte sich wahrscheinlich auf einen Schriftwechsel mit der Wiener Ortsgruppe, auf die Verteilung der Vereinszeitung und unregelmäßige Petitionsaktivitäten. Als der Verein im August 1848 den *Ersten Congress der deutschen Vertrauensmänner aus Böhmen* in Teplitz veranstaltete, spiegelte die geringe Anzahl der Teilnehmer das bis dahin eher beschränkte Interesse an der Entwicklung einer spezifisch deutschen nationalistischen Politik in Böhmen wider.

Das Maß an Aktivität in offiziell unpolitischen Organisationen wie der *Bürgergarde* und den *Akademischen Legionen* dient als weiterer Indikator für das politische Engagement der Mittelklasse. Der Beitritt zu einer dieser paramilitärischen Körperschaften galt im Jahr 1848 als wichtigster politischer Handlungsfaktor der Mittelklasse, war es doch die ausschließliche Aufgabe der Garden, die materiellen Interessen der Bürger zu verteidigen. In Wien reflektierte die politische Haltung der Gardekompanien stark die soziale Zusammensetzung des Bezirkes, dem sie dienten. Lokale politische Konflikte wurden genauso oft im Kontext der Bezirksgardekompanien ausgetragen wie in politischen Klubs. Und trotz des fortschreitenden Rückgangs an Mitgliedszahlen und öffentlichem Interesse während der langen Perioden der Ruhe im Jahr 1848 (von 30.000 im März auf 10.000 unmittelbar danach, wieder hoch auf 60.000 im Mai und zurück auf 18.000 im Oktober) wurden innerhalb der Garden täglich und wöchentlich mehr Menschen in politische Diskussionen verwickelt als in den früheren Klubs.

Zeitschriften, Journale und Zeitungen stellten ein weiteres wichtiges Forum für die Entwicklung gemeinsamer Standpunkte und eines gemeinsamen Diskurses innerhalb der liberalen Bewegung dar. Die Abschaffung der Zensur – im März eine der zentralen Forderungen – und neue Pressegesetze hatten den Weg für eine wahre Explosion der Presse geebnet. Zusätzlich zu den 39 vor 1848 in Österreich herausgegebenen Zeitungen schossen im Revolutionsjahr 170 weitere Veröffentlichungen aus dem Boden. Diese Zeitungen repräsentierten alle Schattierungen politischer Meinung, von der katholisch-konservativen auf der rechten zu der liberalen und demokratischen auf der linken Seite. Außerdem änderten viele bereits während des Vormärz gegründete Zeitungen ihr Erscheinungsbild und ihren Inhalt buchstäblich über Nacht, um auf die neue Entwicklung der Ereignisse einzugehen. Von Wirtschaftsblättern bis hin zu Modejournalen übten sich die meisten in einem demokratischen Ton, um von ihren Lesern nicht der Sympathie mit der Reaktion bezichtigt zu werden.

Der Wettbewerb zwischen diesen neuen Publikationen war besonders in den Städten sehr hart. In Wien, wo die Konkurrenz am stärksten war, überlebten 26 der neuen Zeitungen des Jahres 1848 für weniger als eine Woche, und 34 veröffentlichten nur eine einzige Ausgabe, ehe sie wieder eingestellt wurden. Die erfolgreichsten neuen Zeitungen waren hier die *Constitution,* ein liberales Journal mit gelegentlichen radikalen Neigungen, das von kaiserlichen Beamten bevorzugt wurde, und die gemäßigtere *Presse.* In Graz kamen neun neue Zeitungen zu den zwei hinzu, die der steirischen Öffentlichkeit bisher zur Verfügung gestanden waren. Ihre Namen zeigen das revolutionäre Image, das ihre Besitzer für sich selbst zu kultivieren versuchten. Statt des *Amtlichen Grazers* oder der *Innerösterreichischen Industriezeitung* wählten die Herausgeber Namen wie *Volkszeitung*, *Blätter der Freiheit und des Fortschritts* oder *Volltönende Katzenmusik,* die sich „Steiermarks billigste Freiheit athmende Zeitschrift" nannte. *Katzenmusik* bezog sich auf den Brauch im Jahr 1848, die der konterrevolutionären Sympathien Verdächtigen durch nächtliches Singen und Lärmen vor ihren Häusern zu schikanieren. Viele der Zeitungen übten diese Art von Schikane im gedruckten Wort aus, ein Trend, der selbst einige Liberale im Jahr 1848 veranlaßte, die Rechtfertigung der vollkommenen Pressefreiheit in Frage zu stellen.

Die Zeitungen koordinierten revolutionäre Aktivitäten, oft durch die Ankündigung bevorstehender Demonstrationen und manchmal, indem sie die Öffentlichkeit vor unpopulären oder wenig verstandenen Regierungsmaßnahmen warnten. Durch ihre Berichte über Regierungsmaßnahmen und die Aktivitäten der politischen Klubs versuchten sie, das Interesse der Öffentlichkeit an politischen Fragen wachzuhalten. So trugen die Zeitungen nicht unwesentlich zur Etablierung einer liberalen Gemeinschaft im Sinne eines politischen Diskurses bei, indem sie jedes lokale Thema in eine neue Sprache der Politik kleideten. Die Zeitungen bedienten sich der Metaphorik populärer ausländischer oder historischer Themen – um zum Beispiel rasch auf Ähnlichkeiten zwischen dem Wien des Jahres 1848 und dem republikanischen Rom oder dem revolutionären Paris hinzuweisen (je nach persönlichem Standpunkt jenes des Jahres 1789, 1792 oder 1830) – und schufen dadurch eine Art populärer politischer Kurzformeln zum Verständnis der komplizierten Ereignisse des Jahres 1848. Schließlich glaubten die liberalen Zeitungen, daß es ihre Aufgabe sei, die unteren Klassen darüber aufzuklären, welche neuen Pflichten die Bürgerrechte beinhalteten, die ihnen die Revolution hatte zuteil werden lassen. Die *Constitution* nannte sich im Untertitel ein „Tagblatt für constitutionelles Volksleben und Belehrung" und definierte als ihr vorrangiges Ziel, „dem nicht wissenschaftlich gebildeten Publikum über seine Interessen ... einen festlaufenden Leitfaden zu bieten". Die Salzburger *Rundschau* wählte ein ähnliches Motto von Rahel Varnhagen: „Bildung schafft Freiheit, den Einzelnen wie den Nationen".

Sowohl die Presse als auch die politischen Klubs trugen aktiv zu einem weiteren neuen Aspekt des bürgerlichen öffentlichen Lebens in Österreich bei: den Wahlen zu den neuen oder wiedereinberufenen gesetzgebenden Institutionen. Während des Frühlings und Sommers 1848 hielt die Regierung eine Reihe von Wahlen ab: die Abgeordnetenwahlen zum Deutschen Parlament in Frankfurt, zum österreichischen Reichstag, die Wahlen für einige der wiedereinberufenen Landtage und zu mehreren Gemeinderäten. Zusammen mit den periodischen Wahlen der Offiziere in den Kompanien der Nationalgarde trug jede dieser Wahlen zu einem wachsenden politischen Bewußtsein der Mittelklasse bei. Die Wahlkämpfe förderten auch die Gründung der ersten lokalen Parteiorganisationen in den Städten und Dörfern.

Im Frühjahr 1848 erschienen zum ersten Mal Wahlausschüsse auf der Bildfläche, und zwar hauptsächlich als informelle, ad hoc gegründete Gruppen, die nur während ein paar Wochen vor der Wahl existierten und sich dann wieder auflösten. Sie präsentierten den Wählern eines bestimmten Bezirks einen Kandidaten, indem sie Reden organisierten oder gelegentlich ein Pamphlet oder Plakate druckten, die den Namen des Kandidaten oder seine Position zu einem populären Thema publik machten. In den größeren Städten waren die Ausschüsse manchmal bereits existierenden politischen oder gesellschaftlichen Klubs angeschlossen, wie in Wien, wo der *Juridisch-Politische Leseverein* im April einen Ausschuß organisierte, um die Wahl seines eigenen Kandidaten ins Frankfurter Parlament zu unterstützen. Als einer frühen Organisation gelang es dem *Leseverein*, 26 seiner Mitglieder in die österreichische Delegation nach Frankfurt gewählt zu entsenden. Als im Sommer Wahlen zum österreichischen Reichstag abgehalten wurden, beteiligten sich auch andere politische Klubs an den Wahlen, und der *Leseverein* hatte weniger Erfolg. Auch fanden sich im Sommer des Jahres 1848 viele Mitglieder des *Juridisch-Politischen Lesevereins* zunehmend in den rivalisierenden demokratischen und gemäßigteren liberalen Lagern.

In Wien und auch Graz entwickelten sich rasch politische Differenzen zwischen gemäßigten Liberalen und radikalen Demokraten, und bei Wahlen bekämpften sich hier alle Parteien stärker als in den meisten übrigen Städten. In Graz forderte der gemäßigte *Constitutionelle Club* die Wähler auf, nicht für Arbeiter zu stimmen, da es ihnen an der für das politische Leben nötigen Erfahrung, an Weitblick und Überzeugung mangle. Für die Gemäßigten wogen Ruf, Integrität und gutbürgerliches Verhalten weit schwerer als die Haltung zu irgendeiner bestimmten Frage. So empfahl die *Gratzer Zeitung*, für diejenigen zu stimmen, die den Weg des „entschiedenen und besonnenen Fortschrittes" wahrscheinlich nicht verlassen würden.[31] Der *Deutsche Verein in Graz* und das demokratischer orientierte *Komitee zur Überwachung der Reichstagswahlen* unterstützten gemeinsam eine andere Gruppe von Bürgern, hauptsächlich wegen deren fortschrittlicheren und nationalistischen Überzeugungen.

Mehrere Kandidaten bestritten die Wiener Wahlen zum österreichischen Reichstag. Wochenlang wurden die Wähler tagtäglich mit Pamphleten und Reden überschüttet, und die ungelöste Frage des Wahlrechts für Tagelöhner machte das Ergebnis unvorhersagbar. Alle diese ansatzweisen Bemühungen um Wahlkampforganisation und Wählermobilisierung resultierten schließlich in einer Wahlbeteiligung, die nach späteren Maßstäben immer noch niedrig war. In Wien stimmten 18.000 Wähler über den österreichischen Reichstag ab – ein kleiner Prozentsatz der Wahlberechtigten, aber eine große Anzahl im Vergleich zu vielen Bezirken, wo die Beteiligung unter 100 fiel. 1848 blieb die Wahlbeteiligung in ländlichen und dörflichen Bezirken weit unter der in den Städten. Städtische Ausschüsse bestimmten sogar oft Kandidaten für die Wahlen in nahegelegenen ländlichen Bezirken. Die Demokraten wagten sich selten aus den Städten hinaus. Ihre Lieblingsthemen wie Mietpreisbindung oder Festlegung der Preise stießen bei Landarbeitern und Bauern auf wenig Interesse. Eine Grazer Zeitung charakterisierte das allein der Abschaffung des Feudalismus geltende Interesse der neuen ländlichen Wähler in der Südsteiermark sarkastisch mit den folgenden Worten: „Ein Gott, ein Kaiser, ein Glaube, kein Robot, kein Zehend, kein Hendel, keine Eier, kein Käse (als Kleinzehend), keine Lasten, – im übrigen kann es hübsch beim Alten bleiben."[32]

Aus einem Bericht des späteren liberalen Ministers Karl Stremayr wird deutlich, wie formlos sich Wahlorganisationen von der Stadt auf die benachbarten ländlichen Regionen ausbreiten konnten. Als junger Jurastudent entdeckte Stremayr 1848, daß einer seiner Professoren, ein Mitglied des Grazer *Constitutionellen Clubs,* ihn in einer Lokalzeitung für die Wahl ins Frankfurter Parlament empfohlen hatte. (Die Mehrzahl der aus der Steiermark nach Frankfurt entsandten Abgeordneten waren im übrigen Akademiker.) Stremayr erhielt dann eine Einladung, am Wahltag in Kindberg, einer Kleinstadt in der Obersteiermark, zu sprechen. Verängstigt, aber von seinen Kommilitonen ermutigt, reiste Stremayr nach Kindberg, wo er eine auf dem Marktplatz aufgebaute Bühne und Hunderte von Bauern vorfand, die sich für das Spektakel versammelt hatten. Stremayr sprach nur kurz und erläuterte auch kein detailliertes Programm, sondern betonte sein Eintreten für engere politische Verbindungen mit Deutschland und das Ende von Feudalismus und Absolutismus sowie seine Loyalität dem Kaiser gegenüber. Soweit er beurteilen konnte, hätte sein ländliches Publikum auch nicht mehr interessiert. Tatsächlich stießen die anderen radikaler klingenden Kandidaten auf weniger Sympathien bei der Landbevölkerung, die mit überwältigender Mehrheit für Stremayr stimmte. Als Stremayr und einige seiner bekannteren Mitabgeordneten am 10. Mai nach Frankfurt aufbrachen, wurden sie von einem Fackelzug des Studenten-Freikorps begleitet.

Trotz minimaler Organisation und geringer Wahlbeteiligung gelang es den Österreichern 1848 doch, neue Institutionen zu wählen, in denen das zuvor nicht repräsentierte Bürgertum eine bedeutende Rolle spielte. In den Landtagen, die nach dem März 1848 zusammentraten, forderten sowohl die Sprecher des sogenannten Bürgerstandes wie auch der Landbevölkerung eine sofortige Vertretung, entweder durch Ernennung, Wahl oder beides. In einer offiziellen Sprache, die kaum etwas von den sozialen Konflikten ahnen läßt, die hinter dem Meinungsbildungsprozeß schwelten, berichten die Protokolle eines Landtages, wie diese Ausweitung der Vertretung erreicht wurde. Unter dem Vorwand einer plötzlichen Erkrankung hatte der Linzer Bürgermeister davon Abstand genommen, an der Inaugurationssitzung des Oberösterreichischen Landtages am 21. März teilzunehmen. Offensichtlich wurde seine Krankheit aber von seinem Un-

Abb. 6: Der junge Karl Stremayr.

willen ausgelöst, den Forderungen nachzugeben, die er von den Bürgern erwartete. In Abwesenheit des Bürgermeisters wurde der Linzer Magistrat „unterrichtet von dem lebhaften Wunsche der hiesigen Bürgerschaft ... sich schon der ihr zugesicherten verstärkten Vertretung erfreuen zu können ... und in Anerkennung ... der wesentlichen Verdienste, die sie sich durch ihre Sorge für Aufrechterhaltung der Ruhe und Ordnung in diesen bewegten Tagen". Daraufhin forderte der Magistrat das Linzer Bürgertum auf, zehn der verantwortungsbewußtesten Bürger aus seinen eigenen Reihen zu wählen, um dem Landtag als seine Vertreter beizuwohnen. Die Linzer Bürger wählten sechs Kaufleute, einen Rechtsanwalt, einen Fabrikanten, einen städtischen Beamten und einen Buchhändler als ihre Abgeordneten. Bei ihrem Eintreffen in der ersten Sitzung des Landtages feierte eine enthusiastische Menge von Zuschauern die neuen Vertreter mit dem Ruf: „Hoch die braven Bürger von Linz!"[33]

Zwei Wochen später beschloß derselbe Landtag, seinen Reihen neun Vertreter der Bauernschaft hinzuzufügen, und am 22. April

Abb. 7: Die Geburt des österreichischen Konstitutionalismus? Erzherzog Johann eröffnet am 22. Juli 1848 den österreichischen Reichstag.

führten lebhafte Proteste in anderen oberösterreichischen Städten dazu, daß weitere Vertreter hinzukamen. Später sollten dann zwölf weitere Abgeordnete die kleineren Provinzstädte vertreten; unter ihnen befanden sich zwei Ärzte, ein Hotelier, ein Apotheker, ein Sichelmacher, ein Hutmacher, ein Bierbrauer und drei Bürgermeister. In der Steiermark beschloß der Landtag, daß von nun an ein Drittel seiner Abgeordneten vom städtischen Bürgertum und ein Drittel von ländlichen Gemeinden gewählt werden würde. In Mähren sollte der neureformierte Landtag aus Vertretern der Provinzfunktionäre, der Großgrundbesitzer, der Angehörigen des städtischen Bürgertums, der ländlichen Gemeinden und der Intelligenz bestehen.

Auch in Wien spiegelten die in den neuen gesamtösterreichischen Reichstag gewählten Abgeordneten die politischen Siege des städtischen Bürgertums wider. Ihre Position in dieser Körperschaft machte einige von ihnen zu sichtbaren Symbolen eines neuen Engagements der Mittelklasse in der Politik. Eine Aufstellung der 384 Abgeordneten nach Beruf zeigt sowohl das hohe Maß, in dem nichtadlige Männer gewählt worden waren, als auch die sozialen Grenzen des neu ausgearbeiteten Systems. Mitglieder des hohen und niederen Adels stellten nur 12% der Gesetzgeber, während das ländliche Bürgertum mit 24% den größten berufsmäßigen Block ausmachte. Mehr als ein Drittel der Vertreter kamen aus traditionellen städtischen Berufen der Mittelklasse oder hatten eine Universität besucht, während ein Fünftel der Parlamentsabgeordneten auch staatliche oder private Funktionäre waren, von denen sich einige mit den politischen Interessen der Mittelklasse identifzierten. Im Gegensatz dazu waren mehr als ein Drittel der Vertreter im Frankfurter Parlament und auch im Preußischen Landtag staatliche oder private Beamte.

Innerhalb des österreichischen Reichstags charakterisierten zwei Muster das politische Verhalten der Abgeordneten. Auf der einen Seite stimmten die meisten Vertreter bei wichtigen Fragen in regionalen Blöcken ab und vermieden Koalitionen mit gleichgesinnten Abgeordneten aus anderen Kronländern. Auf der anderen Seite begannen vor allem – aber nicht ausschließlich – liberale deutsche Abgeordnete aus Niederösterreich und Böhmen, überregionale Interessengruppen zu verschiedenen Themenkomplexen zu bilden. Diese Deputierten schufen drei lose verbundene Fraktionen: den *Club der Deutsch-Österreicher,* das *Linke Centrum* und die kleinere *Demokratische Linke.* Andere deutsche Vertreter, insbesondere die Tiroler Geistlichen, distanzierten sich entschieden von diesen drei liberalen Blöcken. Obwohl sein Name das Gegenteil versprach, stellte sich der *Club der Deutsch-Österreicher* gegen engere Verbindungen mit den anderen deutschen Staaten. Er war äußerst zentralistisch und sozial gemäßigt und unterstützte meistens die österreichische Regierung. Das *Linke Centrum* stellte sich ebenso hinter ein unabhängiges Österreich, bezog aber sozial progressivere Positionen in bezug auf innere Angelegenheiten. Im Gegensatz dazu favorisierte die *Demokratische Linke* eine enge Zusammenarbeit mit dem Frankfurter Parlament und die Eingliederung der Donaumonarchie in ein neu vereinigtes Deutschland. Sie kam der Vertretung der radikalen sozialen Positionen der Wiener Demokraten im Parlament am nächsten. Die *Demokratische Linke* war in der Wiener Öffentlichkeit besonders beliebt, da sie dazu tendierte – und es oft auch tat –, die anderen Nationalisten mit ihrer stark anti-slawischen Rhetorik vor den Kopf zu stoßen.

Während der ersten Monate der Revolution hatten sich bürgerliche Aktivisten bemüht, ihre neue politische Macht auf vielen Fronten zu institutionalisieren. Politische Klubs und eine freiere Presse hatten die Aufgabe, die Bürger über ihre neuen konstitutionellen Rechte aufzuklären und sie zu mobilisieren. Die Klubs wiederholten auch weiterhin im kleinen Maßstab die neuen Formen des angemessenen öffentlichen Gruppenverhaltens, wie des parlamentarischen Prozedere, das nun auch für die politischen Institutionen gelten sollte. Die Vertretung der Mittelklasse in den neuen gesetzgebenden Körperschaften der Donaumonarchie, von Gemeinderäten über Landtage bis hin zum Parlament, bewies, daß das Bürgertum eine gewisse politische Macht erworben hatte. Und doch gibt diese optimistische Einschätzung nur einen Teil dessen wider, was sich im Jahr 1848 abspielte. Während die Bürgeraktivisten um Macht kämpften, trafen sie auf unerwartete Widerstände und fanden politischen Konflikt, wo sie Harmonie erwarteten. Die Liberalen glaubten, wenn sie im Namen der gesamten Gesellschaft die Macht ergriffen, könnten sie ihrer be-

Abb. 8: Die Geburt der österreichischen politischen Kultur? Die erste Sitzung des Reichstages, Juli 1848.

sonderen Version der Revolution eine überzeugende moralische Rechtfertigung geben, die den engstirnigen und eigennützigen Gegenbehauptungen der rivalisierenden sozialen Gruppen fehlte. Das Versprechen einer gerechten Ordnung, die in jedermanns Interesse geschaffen war, rechtfertigte die bürgerliche Machtergreifung. Doch die Liberalen entdeckten bald, daß lautstarke Teile der unteren Klassen zusammen mit den früheren Eliten und selbst einigen slawischen Bürgergruppierungen die Vorteile, die ihnen durch eine deutsche liberale Herrschaft zuteil wurden, in Frage stellten. Ja, diese Gruppen waren sogar bereit, aktiv gegen sie zu kämpfen. Diese Entdeckung führte bei den Liberalen zu verbitterter Selbstverteidigung, hatte aber auch einige detailliertere ideologische Rechtfertigungen ihrer Weltsicht zur Folge.

Beim Ausarbeiten ihrer Ideologien stellten die Liberalen 1848 auch fest, daß sie oft untereinander über den genauen Inhalt ihrer neuen, im allgemeinen akzeptierten Prinzipien nicht einer Meinung waren. Schon 1848 brachte eine reine Interessenpolitik bald Fraktionen von Bürgern, die ihre neue moralische Ordnung auf die Gesellschaft anzuwenden versuchten, gegeneinander auf. Wer gehörte wirklich zur politischen Nation, aus der sich nun angeblich die Regierungsgewalt herleitete? Waren die Bürgerrechte selbstverständlich, oder mußten sie erst verdient werden? Welche sozialen Verantwortlichkeiten hatten die Gemeinden gegenüber ihren Bürgermitgliedern und gegenüber denen, die nicht das Recht auf volle Mitgliedschaft hatten? Um diese Fragen zu beantworten, wende ich mich nun einer Diskussion der Entwicklung der liberalen Gesellschaftsideologie in den Jahren 1848–1849 zu.

Liberale Ideologie: Die Definition von Gemeinschaft und Nation im Jahr 1848

> Es gilt den Aufbau einer neuen, einer auf vernünftigen, folglich auch rechtlichen Principien basirten Ordnung der Dinge.
>
> Adolf Chaises (Hg.), Vorträge des Dr. Schütte und politische Debatten der Gesellschaft der Volksfreunde (Wien 1848): 3.

> Wachset in Eurer brüderlichen Umarmung zu einem Volke zusammen, und Ihr werdet die erste und größte Nation der Welt werden.
>
> Theodor Scheibe, Nationalgardist, Wiener Zeitschrift für Kunst, Literatur, Theater und Mode 60–61 (1848): 239.

Die Revolutionäre, die im März 1848 die alte Ordnung umgestoßen hatten, verurteilten den veralteten Bürokratismus und die sinnlose feudale Hierarchie dieses Regimes. Doch wodurch sollten sie sie ersetzen? Das ganze Jahr 1848 hindurch fanden auf sämtlichen politischen Ebenen offizielle und inoffizielle Diskussionen über diese Frage statt, und die deutschen Liberalen arbeiteten Ad-hoc-Programme aus, die im wesentlichen auf der Grundlage ihrer praktischen Erfahrungen basierten. Obwohl nur wenige dieser Programme je in die Tat umgesetzt wurden, kann ihre Entwicklung – zusammen mit der komplizierten Rechtfertigung, die für sie konstruiert wurde – zum Verständnis eines großangelegten liberalen Projekts beitragen, das die leidenschaftlichsten Verfechter der liberalen Sache sich zum Ziel gesetzt hatten.

Die Liberalen sahen die Märzrevolution 1848 als eine Gelegenheit, die Gesellschaft neu zu gestalten. Der bedauernswerte Aufruhr der Märztage, der ihnen diese Gelegenheit geboten hatte, sollte nicht von anderen Gruppen wiederholt werden. Der leuchtende Mythos ihrer heroischen Revolte wurde von der ebenso lebhaften Erinnerung an die gewalttätige Bedrohung des Privateigentums durch das wütende Proletariat überdeckt. Aus dieser Furcht erklären sich die eher konservativen Anliegen der Revolutionäre, besonders das wiederholt ausgedrückte Verlangen nach der Sicherheit des Privateigentums. In anonymen Pamphleten, die nach dem Märzaufstand in Umlauf gebracht wurden, schwächten die bürgerlichen Revolutionäre ihre Begeisterung für die jüngsten konstitutionellen Veränderungen mit einer Warnung gegen diejenigen ab, die aus der öffentlichen Unordnung Profit zu ziehen suchten. Die Wiederherstellung von ordentlichen, für den normalen Gang der Geschäfte förderlichen Bedingungen wurde mit revolutionärer Tugend gleichgesetzt, während die Agitation für weitere Veränderungen als der wahren Freiheit abträglich bezeichnet wurde. Zusammengenommen schufen diese paradoxen Einstellungen zu den Ereignissen des März ein sich oft widersprechendes Programm, das eine neue zivile Ordnung schaffen sollte, aber tatsächlich die alte, gefährdete schützte.

Die meisten Liberalen ließen keinen Zweifel daran, daß die letztendliche Quelle der Legitimität dieser neuen Ordnung sich vom Kaiser herleitete. Während der Revolution versuchte jede politische Fraktion, die einigende Symbolkraft des Kaisers für die eigene Position zu nutzen, und das ganze Jahr 1848 hindurch blieb der Herrscher ein wesentliches Symbol für die Kontinuität von Gesetz und Einheit des Reiches. Die Liberalen strebten danach, die besten Aspekte ihrer Gesellschaft gemeinsam mit der mächtigen, von der Krone symbolisierten Einheit zu erhalten. Gleichzeitig versuchte die liberale Bewegung jedoch, die bankrotte politische Ordnung des Landes zu reformieren. „Wir erklärten uns gegen Bürokratie", sagte die *Gesellschaft der Volksfreunde,* und: „Wir erklärten uns gegen unthätigen Hofadel, als zwischen Volk und Thron sich drängend, und welcher nur verrostete Privilegien und Sonderinteressen aufrecht erhalten will."[34] Die Liberalen warnten ständig vor der Gefahr, die der Partikularismus eines föderalistischen Adels, der nur an der Erhaltung seiner unverdienten Privilegien interessiert war, für ihre Vision der Gemeinschaft darstellte.

Wie wir bereits gesehen haben, fanden die Liberalen die Modelle für ihre neue Ordnung vor allem in der Tradition der Vereine des Vormärz. Für viele Bürger bot das Vereinsleben das Idealbild einer

Gesellschaft und ihrer Regierung, ein Ideal, das dem traditionellen Patriarchat des alten Regimes die Verantwortung des Einzelnen gegenüberstellte. Das bürgerliche Konzept der politischen Gesellschaft beruhte auf dem Glauben, daß die Mitgliedschaft in einer Gemeinschaft dem Bürger bestimmte Rechte und Pflichten verlieh. Die aktive Erfüllung dieser Verpflichtungen gab dem individuellen Bürger das moralische Recht, an der Regierungsgewalt der Gemeinschaft teilzuhaben.

Weder der bürgerliche Verein noch sein Idealbild der Gemeinschaft glichen einer demokratischen Republik von Aktivisten, in der alle sozialen Unterschiede aufgehoben waren. Statt dessen ersetzte der liberale Verein die feudalen und absolutistischen Formen von Hierarchien, die die Bürger abgelehnt hatten, durch neue. „Die Freiheit ist die Vernunft als constituirende Macht des Lebens", schrieb der Studentenaktivist und spätere Minister Johann N. Berger in einem Pamphlet über die Pressefreiheit. In seinem Glauben, daß Freiheit die Selbstauferlegung von Disziplin benötigte, baute Berger auf ein implizites Konzept von Hierarchie, das die Haltung der Liberalen gegenüber den unteren Klassen charakterisierte – jenen Mitbürgern, die diese Selbstdisziplin erst zu verinnerlichen hatten. Mit der Bemerkung: „Die Völker sind nicht mit einem Schlage frei, sie werden frei, sie entwickeln und bilden sich zur Freiheit und gerade darin … besteht wieder ihre Freiheit", trat er gegen die Idee ein, den Massen völlige Freiheit zu geben, noch bevor ihnen ausreichende Bildung zuteil geworden war, die es ihnen erst ermöglichte, richtigen Gebrauch davon zu machen.[35] Das Chaos im März 1848 bestätigte für die Liberalen, daß die Arbeiterklassen ein zu kurzsichtiges, nur auf den eigenen Vorteil bedachtes Verständnis von Politik hatten und nur ihre eigene materielle Situation ohne Rücksicht auf den Rest der Gesellschaft verbessern wollten. Bildung würde den Arbeitern helfen, das größere Ziel des Allgemeinwohls der Gesellschaft zu erkennen. Nach Meinung der Liberalen konnte dieses Allgemeinwohl in der Aufrechterhaltung der Ordnung, allgemeingültiger Regeln für einen höflichen Umgang in der politischen Praxis und in der Respektierung des Privateigentums gefunden werden. Die demokratischen und liberalen Klubs bekräftigten die Notwendigkeit verbesserter Bildungschancen für die Arbeiterklassen, da sie der Überzeugung waren, daß daraus eine verantwortungsbewußte Bürgerschaft resultieren würde.

Die österreichischen Liberalen teilten John Lockes Glauben an die Vernunft als ein allgemeines Gesetz, das jedem Menschen zur Verfügung stehe. „Wie ein jeder *verpflichtet ist,* sich selbst zu erhalten und seinen Platz nicht vorsätzlich zu verlassen“, argumentierte Locke, „so sollte er aus dem gleichen Grunde, und wenn seine eigene Selbsterhaltung nicht dabei auf dem Spiel steht, nach Möglichkeit auch *die übrige Menschheit erhalten.* Er sollte nicht das Leben eines anderen oder, was zur Erhaltung des Lebens dient: Freiheit, Gesundheit, Glieder oder Güter wegnehmen oder verringern.“[36] Doch mit ihrem Ruf nach Vernunft als geeignetes Mittel, um die Massen zu einem verantwortungsbewußten Umgang mit der Freiheit zu erziehen, postulierten die Liberalen implizit auch eine dunkle Kehrseite menschlicher Existenz, ein Reich der Unvernunft. Das ganze Jahr 1848 hindurch zeichneten sie ein beunruhigendes Bild derer, die mit John Stuart Mills Worten nicht „menschliche Wesen in der Reife ihrer Fähigkeiten“ waren, wie Kinder und Abhängige, und der „rückständigen gesellschaftlichen Zustände ..., in denen die menschliche Gattung selbst als noch unmündig angesehen werden kann“. Obwohl die österreichischen Liberalen keinen Theoretiker vom Range Mills produzierten, lassen ihre Handlungen 1848 und auch später in den 1860er Jahren erkennen, daß sie voll und ganz seine Überzeugung teilten, daß das „Prinzip der Freiheit ... sich nicht anwenden [läßt] auf irgendeinen Zustand vor der Zeit, da die Menschheit der Vervollkommnung durch Diskussion in Freiheit und Gleichheit fähig geworden ist“. Die Bürger erwarben sich also ihre politischen Rechte, indem sie ihre Fähigkeit unter Beweis stellten, sie richtig einzusetzen.[37]

Die besonderen Definitionen, die die Liberalen 1848 allgemeinen Begriffen wie Freiheit und Bildung gaben, und die zentrale Bedeutung, die sie dem Privateigentum als einem äußeren Merkmal dieser Qualitäten beimaßen, fanden im Rest der Gesellschaft nicht immer ungeteilte Zustimmung. Trotz ihres universellen Anspruchs war die Welt der bürgerlichen Vereine selbst äußerst limitiert, eine vor allem von Bürgern, Beamten, Vertretern des niederen Adels und vereinzelt sogar des aufgeklärten Hochadels bevölkerte Welt. Und während der Verein vielleicht dem Bürgertum als Modell für eine reformierte Öffentlichkeit diente, reflektierte er gleichzeitig eine eindimensionale, eingeschränkte Sicht der Welt. Trotz ihres Anspruchs, für die gesamte Gesellschaft und ihre Bedürfnisse zu sprechen, beruhten die Programme der Liberalen auf ihren eigenen Vorstellungen über das Eigentum, die Stellung im Produktionsprozeß, das Bildungsniveau und die soziale Herkunft des Einzelnen. Die Sprache des Bürgertums hatte es den Revolutionären erlaubt, zum Zwecke der Reform des halb feudalen, halb absolutistischen Staates eine sozial unterschiedliche Anhängerschaft zu versammeln. Doch schon nach kurzer Zeit sahen sich die Liberalen der Tatsache gegenüber, daß selbst das Bürgertum Gruppen einschloß, deren kurzfristige Interessen bestenfalls schwer zu vereinbaren waren und einander schlimmstenfalls diametral entgegenstanden.

Die Liberalen stießen zum Beispiel auf Schwierigkeiten, als sie versuchten, die theoretische Unverletzlichkeit des Privateigentums auf die Praxis der Realität zu übertragen. In den ökonomisch schwierigen Jahren 1846–1848 forderten die Unternehmer widersprüchliche Maßnahmen zur Behebung ihrer wirtschaftlichen Probleme. Kleinunternehmer, die sich selbst für das Rückgrat der lokalen Bürgergesellschaft hielten, verstanden die Freiheit des Grundbesitzes nicht in derselben Weise wie wohlhabende Industrielle. Während die Kleinunternehmer die neuen politischen Freiheiten sehr wohl unterstützen konnten, sahen sie in der strengen wirtschaftlichen Freiheit eine Verletzung ihrer eigenen Rechte. So hieß es in einer Petition des oberösterreichischen Mittelstandes an den österreichischen Reichstag: „Frei wollen wir sein, aber wir wollen bei der Freiheit auch eine gesicherte Existenz!“ Die Bittsteller behaupteten, daß das größere Wohl der Gemeinschaft von der sicheren Grundlage eines soliden Mittelstandes abhinge. Dies erforderte wiederum die „Erhaltung eines gesunden und mit eigenthümlichen Rechten ausgestatteten Bürgerstandes“.[38] Für diese Kleinunternehmer mußte die wirtschaftliche Freiheit unter Berücksichtigung der gegenwärtigen Ordnung leicht modifiziert werden, da nur irgendeine Form der wirtschaftlichen Regulierung die Proletarisierung des Mittelstandes verhindern konnte.

Die Liberalen konnten auf solche Klagen nur mit dem vagen Versprechen antworten – wie ein Salzburger Liberaler es tat –, daß im neuen Zeitalter die Starken auf die Probleme der Schwachen Rücksicht nehmen würden: „Jede neue Maschine ist ein Schritt weiter zur Abkürzung und Erleichterung der Arbeit, und jede ist daher einem Gewinne im Inventarium der Menschheit gleich zu achten! ... doch dürfen sie in der Hand der Starken nie ein Mittel sein, den Schwachen zu unterdrücken." Der Autor beteuerte weiterhin, daß individuelle Kleinunternehmer durch die Vereine größeren wirtschaftlichen Einfluß gegenüber den Großindustriellen erlangen könnten. Letztendlich könnten die Probleme der Kleinunternehmer aber nicht den unerbittlichen Lauf der Geschichte ändern, die eindeutig zugunsten des Liberalismus arbeitete: „Wird man den Dampf – diesen gewaltigsten aller Revolutionäre – in seinem Siegeslaufe aufzuhalten vermögen?"[39]

Es ist daher vielleicht nicht besonders überraschend, daß die äußerst drängenden sozialen und wirtschaftlichen Probleme in Wien nur selten die besitzenden Klassen gegen die besitzlosen und abhängigen Tagelöhner aufbrachten. Statt dessen kämpften verschiedene Elemente des städtischen Bürgertums gegeneinander, wodurch sie den vermeintlich bestehenden Konsens innerhalb der Mittelklasse in Frage stellten. Probleme wie Wohnraumbeschaffung, Aufschub von Mietzahlungen, billige Kredite und die Frage der Erweiterung des Wahlrechts stießen bei den städtischen Bürgern auf widersprüchliche Reaktionen und erhöhten die sozialen Spannungen. Wie sah die Freiheit, die die Revolution gebracht hatte, wirklich aus, und wie sollte sie zur Nutzung und zu den Privilegien von Eigentum in Relation gesetzt werden?

Der von den von der Wirtschaftskrise hart getroffenen Handwerkern und Geschäftsinhabern erhobene Ruf nach einem Aufschub der Mietzahlungen stellte in Wien die umstrittenste dieser Fragen dar. Als im April 1848 Quartalsmieten fällig wurden, verlangten die Hauseigentümer deren sofortige Zahlung und machten dadurch ihre nach ihrer Meinung legitimen Besitzrechte geltend. Bei Massendemonstrationen und in der radikalen Presse wurden daraufhin die Hauseigentümer schikaniert und aller möglichen Vergehen angeklagt, vom

Mangel an Nächstenliebe den notleidenden Handwerkern gegenüber bis hin zu Mietbetrug. Mit ihrer Forderung nach Aufschub der Mietzahlungen griffen die Handwerker nun keineswegs die Unantastbarkeit des Privateigentums an. Sie implizierten vielmehr einen anderen Standard für die Nutzung von Eigentum, einen, der aus ihrer Perspektive den rechtlichen Formalismus der Herauseigentümer durch die tatsächlichen Bedürfnisse der arbeitenden Gemeinschaft ersetzte. Die Handwerker bedienten sich einer moralischen Rhetorik, die ihre eigene wirtschaftliche Produktivität der unproduktiven ökonomischen Tätigkeit der Herauseigentümer – dem Einkassieren von Mieten – gegenüberstellte. Ohne einen Aufschub der Mietzahlungen könnten die von der Revolution hart getroffenen Handwerker ihre Geschäfte nicht mehr mit Gewinn betreiben. Ohne ihre Betriebe könnte nichts mehr produziert werden.

Auch die Frage der Bereitstellung billiger Kredite für dieselben Handwerker spaltete im Jahr 1848 das Wiener Bürgertum. Der Vorschlag, zinsfreie Darlehen für Handwerker zu finanzieren, indem man die reicheren Grundbesitzer dazu zwang, Beiträge in einen Kreditfonds einzuzahlen, veranlaßte die letztere Gruppe, die Handwerker wieder einmal der Verletzung von Eigentumsrechten anzuklagen. Im Juni wurde schließlich eine private Kreditinstitution für Handwerker ins Leben gerufen, aber ihr Zusammenbruch im September ließ den schwelenden Konflikt zwischen reicheren und ärmeren Unternehmern wiederaufleben. Die Handwerker forderten die Stadtregierung auf, ihre Bank vor dem Ruin zu retten, und verlangten eine Garantie ihrer Investitionen. Die gemäßigte Mehrheit im Gemeinderat weigerte sich, diesen Weg einzuschlagen. Wie in der Frage des Aufschubs der Mietzahlungen warfen die meisten Gemeinderäte den Handwerkern vor, sich wie die arbeitslosen Tagelöhner zu verhalten, die ständig von der Regierung finanzierte Wohlfahrtsprogramme forderten. Ihrer Meinung nach sollten sich die Handwerker wie verantwortungsbewußte Realitätenbesitzer verhalten und endlich damit aufhören, Schutz durch die Regierung zu fordern, als wäre das ein fundamentales Recht.

In den neuen Gemeinderäten und in vielen Landtagen beeinflußte die Einschätzung der kleinen Handwerker als potentielle Verräter am

Bürgertum die laufenden Diskussionen darüber, was die Bürgerrechte ausmachte und wer sie ausüben durfte. Gemäßigte Liberale nutzten diese Diskussionen, um die Bürgerrechte neu zu definieren und ihre radikaleren Gegner von der aktiven Teilnahme auszuschließen. Bei der Abfassung der Wahlrechtsgesetze für den österreichischen Reichstag, für die Landtage und für die Gemeinden schränkten die gemäßigten Liberalen in den Stadtregierungen und auf nationaler Ebene das Wahlrecht zunehmend ein. Jedes Individuum im neuen Gemeinwesen erfreute sich der grundlegenden Rechte, die das Bürgerrecht verlieh, doch die Voraussetzungen für das Wahlrecht beschränkten das aktive Wahlrecht – und das Recht, für Ämter zu kandidieren – auf eine sozial verantwortliche Minderheit. Für die Liberalen des neunzehnten Jahrhunderts kam die aktive Ausübung der Bürgerrechte nur Individuen zu, die in bestimmten Situationen ein vernunftbestimmtes Verhalten an den Tag legten. Nur jene, die ihre politische Reife bereits unter Beweis gestellt hatten, verdienten den Status einer vollkommenen Person und die damit verbundenen Rechte und Möglichkeiten. Solche Testkriterien aufzustellen war angesichts des universalistischen Anspruchs der Liberalen eine schwierige und nicht leicht zu rechtfertigende Aufgabe. Doch die Gefahr ziviler Unruhen machte einen solchen Bruch mit ihren Prinzipien zu einer dringenden Notwendigkeit. In einer Debatte im Wiener Gemeinderat im September 1848 über die Genehmigung einer bevorstehenden demokratischen Demonstration gab ein Gemeinderat zu, daß die Ausübung des an sich heiligen Rechts auf Versammlungsfreiheit auf keinen Fall das Recht auf Privateigentum bedrohen dürfe.[40]

Im Fall der Wahlen zum österreichischen Reichstag zum Beispiel sah sich die Wiener Stadtregierung nach einem Aufstand im Mai 1848 gezwungen, einigen Tagelöhnern und Arbeitern das Wahlrecht zuzugestehen. Alexander Bach, ein Mitglied des Gemeinderates, schlug vor, Arbeiter sollten am Ort ihres ständigen Wohnsitzes oder ihrer „Heimat“ abstimmen, womit er der Regierung half, die Einführung einer vollen Demokratisierung zu vermeiden. Mit wenigen Ausnahmen bedeutete „Heimat“ die Geburtsstadt. Diese Klausel erlaubte den Liberalen, ein demokratischeres Wahlrecht zu unterstützen, während sie gleichzeitig eine beträchtliche Zahl von Arbeitern, die aus Böhmen und Mähren nach Wien eingewandert waren, effektiv entrechteten. Die Regierung übernahm auch ein indirektes System zur Wahl von Reichstagsabgeordneten, das den bekannteren bürgerlichen Kandidaten eine gewichtigere Stimme sicherte.

Das Wiener Gemeindewahlrechtsgesetz, das nach der Niederschlagung von Arbeiterunruhen im August 1848 verabschiedet wurde, reflektierte immer noch den Mythos eines Bürgertums, das alle Besitzer, unabhängig vom Ausmaß ihres Besitzes, vereinte. Es verlieh allen männlichen Steuerzahlern das Wahlrecht. Bei dieser Entscheidung folgte der Gemeinderat der Logik, die die ursprüngliche Kampfansage der Bürger an das alte Regime im März geprägt hatte. Ihre Steuerzahlungen gaben selbst Besitzern mit noch so geringem Interesse an städtischen Belangen das Recht, an Gemeindeentscheidungen teilzunehmen. Doch nach weiteren Unruhen im September und einem gewalttätigen Aufstand im Oktober 1848 begann der Gemeinderat, seine Definition des aktiven Bürgerrechts zu überarbeiten. Im Frühjahr 1849 hatten die Gemeinderäte ein jährliches Minimum von fünf Gulden Steuerzahlung als Voraussetzung für das aktive Wahlrecht festgelegt und dadurch zahlreiche Handwerker und kleine Besitzer entrechtet.

Der Wiener Gemeinderat gliederte die liberale Definition von Bürgerrechten noch weiter auf, indem er ein hierarchisches Kurienwahlrecht auf der Grundlage von steuerlichen und bildungsmäßigen Voraussetzungen einführte. Bürger, die bis zu zehn Gulden an jährlichen Steuern bezahlten, stimmten in der dritten Kurie ab. Kleinere Realitätenbesitzer und Akademiker wählten die zweite Kurie, während eine kleine Gruppe der reichsten Handwerker, Kaufleute, Hausbesitzer und Industriellen die erste Kurie wählte. Da jede Kurie die gleiche Anzahl von Abgeordneten stellte, sicherte diese Gliederung den reicheren Bürgern einen verhältnismäßig größeren Anteil an der Stadtregierung und entzog den besitzlosen Tagelöhnern praktisch jede Stimme. Obwohl die kleinen Besitzer numerisch die Mehrheit der Wähler stellten, diente ihre Kampfansage an das Konzept des Privateigentums seitens der Gemäßigten im Jahr 1848 als Rechtfertigung für die Entscheidung, ihre Stimme in der Stadtpolitik durch das Kuriensystem zu beschneiden.

Die Diskussionen darüber, wer in welcher Kurie abstimmen sollte, begannen im August 1848, noch ehe der Stadtrat die minimale Steuervoraussetzung von fünf Gulden eingeführt hatte. Diese frühe Diskussion deutete in einigen Details bereits die Art der Probleme an, die das liberale Bürgertum im weiteren Verlauf des neunzehnten Jahrhunderts immer wieder aufwerfen sollte. Sie zeigt das Bewußtsein einer Spaltung zwischen wirtschaftlich schlechter- und bessergestellten Unternehmern sowie die Überzeugung, daß eine Sozialisierung durch höhere Bildung die ärmeren Wählerschichten wahrscheinlich dazu bewegen würde, ihre Interessen mit denen der wohlhabenderen Klassen gleichzusetzen. Sie zeigt auch, daß die Liberalen den Grundbesitz nie als einen Selbstzweck ansahen. Statt dessen definierten sie Besitztum als einen der wenigen verläßlichen Indikatoren für die Fähigkeit einer Person, politisch reif zu handeln. In seiner Rechtfertigung der Entscheidung, Lehrer in die zweite Kurie aufzunehmen – obwohl ihr wirtschaftlicher Status sie, wenn überhaupt, höchstens für die Teilnahme an der dritten Kurie qualifizierte – erklärte ein Gemeinderat zum Beispiel, daß es nötig sei, „durch die Intelligenz ein Gegengewicht gegen das Proletariat des Steuerminimums zu erhalten", d. h. gegen die, die ein Minimum an Steuern bezahlten.[41] Ein anderer Gemeinderat wies darauf hin, daß Lehrer im Gegensatz zu den ärmsten Steuerzahlern sowohl über das Wissen als auch über die nötige freie Zeit verfügen würden, um vorbildliche Gemeinderäte abzugeben.

Alle diese hier im Jahr 1848 zum ersten Mal institutionalisierten Maßnahmen dienten als Modelle für zukünftige Diskussionen über ein Gemeinde- und bundesstaatliches Wahlrecht in der Donaumonarchie bis 1918. Obwohl liberale Politiker später gelegentlich gegen die Ungerechtigkeit des Kurien- oder Zweikammernwahlsystems protestierten, gingen sie nicht davon ab, als sich die Gelegenheit dazu geboten hätte. Da das Kurienwahlsystem zwischen den Spannungspolen innerhalb der liberalen Ideologie vermittelte – zwischen der Zusage allgemeiner Bürgerrechte einerseits und dem Anliegen, daß die Wähler erst ihre politische Reife unter Beweis zu stellen hatten andererseits –, blieb es bis zum Ende der Monarchie ein Grundbestandteil der Wahlen. Das Kuriensystem gewährleistete, daß die aufgeklärten Mitglieder der Gemeinschaft eine gewichtigere Stimme hatten, als ihre bloße Zahl es ihnen zugestanden hätte. Und dieses Argument erstreckte sich auch in den Bereich der nationalen Politik. In seiner Verteidigung des Kuriensystems, das in den Jahren zwischen 1860 und 1880 die tschechischen und deutschen Nationalparteien ziemlich im Gleichgewicht hielt, bemerkte Leopold von Hasner im Böhmischen Landtag, daß „in keinem Staate weniger, als in dem österreichischen, die Verfassung absolut unter das kaudinische Joch der ‚brutalen Ziffer' gebeugt werden könne, indem dadurch nationale Majoritäten geschaffen würden, die, in keinem Verhältnisse zu ihrer Qualität stehend, ganze Volksstämme einer hoffnungslosen Ohnmacht preisgeben müssten. So aber war eine Form gefunden, wobei die überwiegend deutsche Städtekurie mit der überwiegend Czechischen Landgemeindenkurie nahezu im Gleichgewicht stand."[42] Die deutsche Qualität glich die tschechische numerische Überlegenheit aus. Liberale wie Hasner, die an der Verfassung von 1867 mitarbeiteten, argumentierten auch, daß die Beibehaltung des Kuriensystems die Legitimität der neuen Verfassung stärken würde, da es dadurch mit der österreichischen Tradition in Einklang stünde. Allerdings konnte das System nicht gerade als traditionell bezeichnet werden, war es doch 1848 für Gemeindewahlen eingeführt und 1861 für Gemeinde- und Bezirkswahlen wiederbelebt worden. Die Gemeindestatuten der Liberalen von 1862 sollten auch die „Heimat"-Klausel im Wahlrecht von 1848 beibehalten, um eine soziale Kontrolle über die unteren Klassen auszuüben.

Andere liberale Gesetzesinitiativen in den Landtagen, die nach dem März 1848 zusammentraten, wiesen dieselbe Zweischneidigkeit auf. Sie bestanden einerseits auf der Autorität des Gesetzes, auf einem Kontrollrecht der Gemeinde über die lokalen Einkünfte und einem Ende der sogenannten feudalen Privilegien und der sozialen Hierarchie. Durch die Diskussion über die Einschränkung des aktiven Wahlrechts schufen sie jedoch neue Formen sozialer Hierarchie. So machten sich zum Beispiel in Oberösterreich die im zweiten Kapitel erwähnten ersten bürgerlichen Landtagsabgeordneten bereits binnen Stunden nach Aufnahme ihrer Ämter bemerkbar. Die „braven Bürger von Linz" fügten der traditionellen Danksagung, die das Exekutivkomitee der Adligen dem Kaiser zu präsentieren geplant hatte, eine Liste ihrer eigenen Forderungen hinzu, angefangen von einem expliziten Katalog neuer Bürgerrechte bis hin zu einer Übersicht über ihre Idealvorstellungen vom Gemeinwesen. Unter diesen Rechten waren die Abschaffung der Zensur, die Versammlungsfreiheit, der Schutz vor willkürlicher Verhaftung und der freie Zugang zur Bildung. Unter Hinweis auf die wirtschaftlichen Bedingungen in den Kronländern forderten die Bürger eine bessere Lehrerausbildung und die Gründung eines eigenen Ministeriums für Industrie und Handel. In bezug auf die Teilnahme an der politischen Gemeinschaft forderten die neuen Abgeordneten Wahlrechtsgesetze auf der Grundlage von Besitz- und Bildungsvoraussetzungen statt von traditionellen feudalen Privilegien, wodurch sie ihren eigenen Einfluß auf Kosten des über ihnen stehenden Adels und auch der unter ihnen stehenden besitzlosen Klassen ausweiteten.

In den im Oberösterreichischen Landtag im April debattierten Statuten ist dieser Einfluß nicht zu übersehen. Die wahlberechtigten Mitglieder einer Gemeinschaft waren diejenigen Erwachsenen, die ihre wirtschaftliche Unabhängigkeit damit nachweisen konnten, daß sie genug Besitz hatten, um eine Familie ernähren zu können. In der Rhetorik der Abgeordneten wurde Abhängigkeit derweil mit Armut und Kriminalität gleichgesetzt und diente als Hauptvorwand, um Teilen der Bevölkerung den Status der vollen Gemeindebürgerrechte zu verweigern. Die Gemeindebürgerrechte wurden jedem verwehrt, der wegen Diebstahls oder Bettelns verurteilt worden war, der seine finanzielle Solvenz nicht nachweisen konnte, der über ein Jahr mit seinen Steuern im Rückstand war und der in den vorhergehenden drei Jahren von einer Wohlfahrtsorganisation abhängig gewesen war. Da bemerkenswerterweise Geschlechtsvorurteile über die Heiligkeit des Privateigentums gestellt wurden, konnten Frauen als Individuen Gemeindebürgerrechte weder erlangen noch erben. Sie konnten ihrer nur teilhaftig werden, indem sie ein Mitglied des Bürgerstandes heirateten. Wenn einer Frau solcherart einmal die Gemeindebürgerrechte zuerkannt worden waren, behielt sie sie, selbst wenn ihre Heirat später annulliert wurde. Bürgerliche Abgeordnete in den Landtagen hatten in Fragen von Eigentum und Unabhängigkeit dieselben Hauptanliegen, wenn es darum ging zu entscheiden, wer bei Landtagswahlen stimmberechtigt sein sollte. Ein liberaler Vertreter sagte zum Beispiel, daß „nur jene von der Theilnahme an der Vertretung ausgeschlossen sein sollen, welche von Tageslohn leben, Beiträge aus Armeninstitutionen geniessen ... kurzum [die] nicht selbständig sind".[43]

Trotz dieser, gegen die unteren Klassen gerichteten scheinbar konservativen Tendenzen konnten die Liberalen auch wie Radikale klingen, wenn es darum ging, die Legitimität ihrer eigenen politischen Macht gegenüber jener der traditionellen Eliten zu rechtfertigen. Bei Diskussionen über die zukünftige Zusammensetzung des Landtages prangerten die Liberalen zum Beispiel die Rolle an, die die Privilegien traditionell bei der Auswahl ihrer Vorgänger gespielt hatten. Ein Vertreter plädierte für einen mehr in Richtung der sogenannten produktiven Elemente der Gesellschaft ausgerichteten Landtag und schlug dazu die folgenden drei Wahlkategorien vor: Vertreter des Agrarbereichs (sowohl Bauern wie auch adlige Landbesitzer), aus Handel/Industrie und des Bildungsbürgertums. Er wünschte, „daß, nachdem nun bisher lauter privilegierte Stände gesprochen haben, nun auch Einer aus den anderen Kategorien seine Meinung aussprechen müsse. Das Stände-Institut soll aufgehoben werden, selbst dem Namen nach, der ohnedies schon lange keinen guten Klang mehr hat ... ich ... glaube, daß die Arbeit selbst zum Grunde [der Vertretung] gelegt werden soll."[44]

In der Steiermark entwarf der wiedereinberufene Landtag neue Gemeindestatuten, die – der dortigen antibürokratischen Stimmung entsprechend – den städtischen Bürgern die volle Verfügungsgewalt über Gemeindeeinnahmen und Verwaltung zugestanden. Während der Staat zuvor die Stadtbeamten ernannt und städtische Angelegenheiten einfach verfügt hatte, legte die Formulierung des neuen Gesetzes weitgehende Kontrollbefugnisse der Gemeinde hinsichtlich der Verwaltung der kommunalen Gelder durch einen Wahlprozeß fest. Zur gleichen Zeit brachten die Liberalen wie ihre Kollegen in Nieder- und Oberösterreich eine hierarchische Abstufung der Bürgerrechte in ihre universalistische Vision ein. Die Abgeordneten unterschieden mit folgender Bemerkung zwischen bloßen Einwohnern innerhalb der Gemeinde und ihren steuerzahlenden Mitgliedern: „Es genügt aber nicht, daß einer bloß in der Herberge ist, dadurch wird er nur Angehöriger; um Mitglied zu sein, muß er einen Erwerb haben".[45]

Im Gegensatz zu ihren nieder- und oberösterreichischen Kollegen erkannten einige der steirischen Abgeordneten wenigstens einen potentiellen Widerspruch, wenn es um die Frage der weiblichen Realitätenbesitzer ging. Wie in Oberösterreich erlangten die steirischen Frauen die Rechte der Mitgliedschaft in der Gemeinschaft der Bürger (ohne das Wahlrecht) nur, wenn sie einen Vertreter des Bürgerstandes heirateten. Am 16. Juni schlug ein Abgeordneter vor, daß Frauen nach den neuen Statuten sehr wohl das Wahlrecht haben könnten: „Weil wir das letzte Mal beschlossen haben, daß einer, damit er Gemeindemitglied ist, Grund- und Hausbesitz, oder ein Gewerb durch Besitz, oder Fähigkeit haben muß, so glaube ich, daß die Frauen, welche auch oft in dermaligen Besitze sind, auch wahlberechtigt sein sollen, nähmlich durch eine Deputierten. … Warum soll das nicht eine Frau fähig sein? Denn nur der steuerbare Gegenstand macht es, daß man Mitglied ist; ich glaube daher, es wäre die Emanzipation der Frauen in die Stylisierung des Paragraphes einzusetzen."[46]

Obwohl die Frage des Frauenwahlrechts in diesem Kontext kurz debattiert wurde, war sie 1848 weit davon entfernt, endgültig geregelt oder auch nur zusammenhängend behandelt zu werden. Da Frauen ihr Wahlrecht über einen Bevollmächtigten ausüben mußten, argumentierten einige Abgeordnete, daß das Frauenwahlrecht somit nur bestimmten Männern eine doppelte Stimme geben würde, was wiederum zu Wahlumtrieben führen würde. Auf den Einwand, daß Männer auch ganz alleine der Wahlumtriebe fähig wären, antworteten diese Kritiker, daß Männer wenigstens selbst bei der Wahl erscheinen mußten, was Unregelmäßigkeiten weniger wahrscheinlich machte. Außerdem wurde das Phänomen einer unverheirateten Frau mit genügend Besitz, um wählen zu können – unabhängig davon, wie oft das in Wirklichkeit tatsächlich der Fall war –, als eine große Ausnahme von der Norm der liberalen Kosmologie angesehen. Sonst hätten die Gesetzgeber zwischen zwei heiligen und in diesem Fall widersprüchlichen Prinzipien entscheiden müssen: der Heiligkeit des Besitzes und dem Glauben, daß weibliche Beteiligung an Politik unangebracht sei. Im Jahr 1848 gab es für die Liberalen keinen zwingenden Grund, sich mit einer solchen theoretischen Frage auseinanderzusetzen. Bürgerlichen Ansichten über Geschlechterrollen zufolge besaßen Frauen einfach kein Eigentum, obwohl sie in Wirklichkeit sehr wohl oft über Ländereien oder Betriebe verfügten.

Unterscheidungen zwischen Wählern wurden auch in anderen Gruppen getroffen. Die Haltung der Liberalen zur Landbevölkerung verriet ein ähnliches Mißtrauen gegenüber der Fähigkeit dieser Gruppe, über ihre Eigeninteressen hinauszublicken und das Wohl der Gemeinschaft als Ganzer zu berücksichtigen. „Die Volksschule war bisher noch ganz verwahrlost", bemerkte ein Korrespondent von *Schwarz-Roth-Gold*, der die Unwissenheit der meisten Landarbeiter um ihre eigene nationale Identität und die darin verkörperten politischen Ideale der Liberalen bedauerte. „Der größere Theil der österreichischen Bauern weiß noch kaum, daß es ein Deutschland gibt, und daß dieses sein Vaterland sei." Der Journalist schrieb die bäuerliche Unwissenheit dem Mangel einer progressiven Bildung in ländlichen Gebieten zu und fuhr fort: „Das bisherige Verdummungssystem wollte kein einziges Vaterland, da es nur in der Zersplitterung der Völker bestehen konnte, es wollte und konnte nicht die freien Männer unserer Voraltern den Kindern zum Vorbilde machen", aus Furcht davor, daß es sie vielleicht lehren würde, unabhängig zu denken.[47]

Die Liberalen vermuteten, daß sich die Bauernschaft – wenn sie sich einmal von den Feudalgesetzen emanzipiert hatte – von einem verantwortungsbewußten politischen Engagement zurückziehen und zur politischen Schachfigur der adligen Großgrundbesitzer werden würde. Bei der Diskussion über die Vertretung im mährischen Landtag offenbarten die deutschen Liberalen sowohl diese Ängste bezüglich der Bauernschaft als auch ihre eigene Überzeugung, daß sie die Revolution zum Wohl des gesamten Volkes angefacht hatten. Gegen die Proteste der Landbesitzer empfahlen die Liberalen mit dem Argument, daß die liberalen Errungenschaften der Revolution möglicherweise bedroht seien, wenn den Städten nicht größerer Einfluß zugesichert werde, daß der Landtag einen Vertreter für je 3.000 Stadtbewohner und einen für je 20.000 Landbewohner zuteile. Schließlich waren es nach Ansicht der Liberalen die Städte, die die Revolution durchgesetzt und dem Liberalismus zur Macht verholfen hatten. Die meisten liberalen Abgeordneten glaubten, daß die Bauern, sobald sie ihre gewünschte Emanzipation und ein Ende der Robot erreicht hätten, kleinlaut den politischen Direktiven des konservativen Landadels folgen würden.

Während die Liberalen die Fähigkeit der Bauern in Frage stellten, die mit den Bürgerrechten verbundenen Verpflichtungen auf sich zu nehmen, sobald sie emanzipiert waren, zeigten sie keine solchen Vorbehalte, als es um die Emanzipation des Judentums von Gesetzen ging, die den Juden verboten zu leben, wo sie wollten, bestimmte Berufe zu ergreifen, Land zu besitzen oder bestimmte Steuern zu zahlen. Obwohl sie fast das ganze Jahr 1848 wenig unternahmen, um diese Gesetze zu ändern, setzten sowohl die Liberalen als auch ihre Gegner eine Verbindung zwischen Liberalimus und jüdischer Emanzipation als selbstverständlich voraus. 1848 ging man im allgemeinen davon aus, daß von den verfassungsgebenden Körperschaften, von den Landtagen und vom Reichstag, die volle Emanzipation eingeleitet werden würde. Andererseits wurde die Durchsetzung verschiedener gesetzlicher Beschränkungen von Juden in vielen Regionen einfach fallengelassen. Juden waren in der Revolution selbst sehr prominent vertreten, besonders innerhalb der gemäßigten und demokratischen Bewegungen in Wien. Sie waren unter den ersten gemartertern Opfern der Märzrevolution, sie waren unter den Führern der *Akademischen Legion* und des Komitees für die öffentliche Sicherheit Wiens, und dienten vielfach in gesetzgebenden Institutionen. Und die Gegner des Liberalismus gingen in der Regel davon aus, daß die liberalen Reformen natürlich darauf ausgerichtet sein würden, den Juden zugute zu kommen. Als zum Beispiel oberösterreichische Handwerker den Reichstag aufforderten, die Zölle nicht zu senken und einige Aspekte der Zunftorganisation wiederaufleben zu lassen, richteten sie einen ansehnlichen Abschnitt ihrer Petition explizit dagegen, den Juden mehr Rechte einzuräumen.[48]

Die Frage, wer nun die Nation ausmachte, deren Interessen die Liberalen dienten, wurde vom aufkeimenden politischen Nationalismus weiter verkompliziert. Während der Jahre 1848/1849 sahen sich die Liberalen politischen Herausforderungen an ihre lokale und landesweite Macht gegenüber, die in der Rhetorik der nationalen Identität formuliert waren. Das Auftreten eines tschechischen, italienischen, polnischen und slowenischen Nationalismus (um nur ein paar zu nennen) in der politischen Arena zwang die Liberalen, sich mit einer Frage zu beschäftigen, die sie zunächst für politisch irrelevant gehalten hatten. Diese Entwicklung förderte die ersten fortlaufenden Diskussionen unter Liberalen über die Bedeutung der nationalen Identität in der Politik. Da viele deutsche Liberale glaubten, daß ihr Deutschtum vor allem ein Festhalten an einer idealen liberalen Kultur bedeutete und daß diese Identität für Menschen aller Sprachen offen sei, konnten sie eine auf bloßer ethnischer Identität basierende Politik nicht verstehen. Zur gleichen Zeit setzten die Deutschen sich auch mit der Frage einer Vereinigung mit den anderen deutschen Staaten auseinander und damit, welche Form – wenn überhaupt – diese Vereinigung haben sollte.

Einige Liberale, die sich der Idee einer Vereinigung mit Deutschland verschrieben hatten, spielten die politische Bedeutung der ethnischen Identität herunter. Wenn Deutsch die bevorzugte Sprache der Bürokratie, des Militärs und der Bildungseinrichtungen war, gab es eine objektive Rechtfertigung für dieses Privileg. War Deutsch nicht die international am meisten anerkannte und kulturell am weitesten fortgeschrittene all jener Sprachen, die in der Donaumonarchie gesprochen wurden? Außerdem waren die Vorteile, die die deutsche Kultur genoß, nicht notwendigerweise auf die deutschsprachigen Bevölkerungsgruppen der Donaumonarchie beschränkt. Die deutsche Identität stand jedem offen, der bereit war, die deutschen kulturellen Werte anzunehmen. Die Statuten des *Deutschen Konstitutionellen Vereins* in Teplitz besagten: „Der Beitritt zum Verein steht ohne Unterschied der Religion und Nationalität und des Standes jedem österreichischen Staatsbürger zu, wenn sich derselbe zu den im Programm des Vereins ausgesprochenen Grundsätzen … bekennt.“[49] Und die Liberalen gingen davon aus, daß in einem vereinigten Deutschland die kulturellen Rechte ethnischer Minderheiten respektiert werden würden.

Ludwig von Löhners *Verein der Deutschen in Österreich* reflektierte diese Haltung teilweise, als er „jeden Deutschgesinnten“ – nicht notwendigerweise Deutschen – einlud, dem Verein beizutreten. Der Klub definierte deutsche Nationalität weder im rassischen noch im ethnischen, ja nicht einmal im sprachlichen Sinn, und die Mitgliedschaft war theoretisch gesehen nicht auf Deutsche beschränkt. Mitglieder mußten nur die deutschen Farben (schwarz, rot und gold) tragen und einen monatlichen Beitrag von mindestens zwanzig Kreuzern bezahlen. Für diese erste aller deutschnationalen Organisationen in Österreich leitete sich nationale Identität selbst aus dem öffentlichen Ausdruck liberaler politischer Sympathien her. *Schwarz-Roth-Gold*, das offizielle Organ des Vereins, behauptete, das Deutschtum des einzelnen beruhe nicht einfach „auf der Scholle der Geburt und dem Klang des Lauts, sondern auf dem Adel des Thuns und der Würdigkeit der Gesinnung". Genaugenommen würde das Lesen der Vereinsstatuten wohl mehr Sinn ergeben, wenn man anstelle des Wortes „deutsch" das Wort „liberal" einsetzt. „Wir kennen keinen Gegner der Nationalität", schrieben die Herausgeber in der ersten Ausgabe von *Schwarz-Roth-Gold*, „sondern nur der Bildung".

Im Juli 1848 schlug ein Beitragsverfasser in *Schwarz-Roth-Gold* vor, daß eben jene Eigenschaften, die die deutsche Kultur von anderen unterschieden, auch die Beziehungen zwischen Deutschen und Nicht-Deutschen regeln könnten. „Wir glauben an den heiligen Geist der Humanität, [der] Mensch geworden ist im deutschen Volk, dessen Hauch alle Völker [weckt], damit sie groß werden, und es ihnen wohl geht auf Erden. Wir wollen ... ein deutsches Österreich ... hervorragend unter den Bruderstämmen nicht durch die alte Krone Karls des Großen, sondern durch die freiwillige Achtung, die es sich erwirkt und erwerben wird, wenn es im Sinne der Freiheit und der Humanität handelt und wirkt. Darum unser höchstes Gebot: Du sollst die Humanität lieben über alles!"[50]

Die Zeitschrift fungierte auch als Forum für die unter den deutschen Nationalisten herrschende Verwirrung darüber, ob die deutsche und die österreichische nationale Identität wirklich gleichbedeutend waren. In ihrer Erklärung der symbolischen Verwendung der deutschen Farben zum Beispiel deutete *Schwarz-Roth-Gold* die Existenz sowohl eines spezifisch deutschen ethnischen Bewußtseins wie auch einer höheren österreichischen Nationalität an, die Österreicher unterschiedlichen kulturellen Hintergrundes vereine. Die Revolution habe Österreich herausgeführt „aus der Nacht der zerfahrenen Zersplitterung und Vereinzelung der Kräfte und Interessen, durch das freudige Bewußtsein der nationalen Einheit, zu dem Licht der geistigen Einigung aller Völker und Stämme, die Mitteleuropa umschließt".[51]

Ein solcher Idealismus, der die autonome Entwicklung eines unabhängigen nationalen Bewußtseins als Vorspiel zur Bildung einer größeren österreichischen Nationalität zugestand, war ein typisches Beispiel für die Haltung einiger deutsch-österreichischer Aktivisten. Diese Leute gingen von der Vorstellung einer neuen österreichischen Nationalität aus, die sie mit der Loyalität gegenüber den liberalen Prinzipien des Konstitutionalismus gleichsetzten. Ein Nationalgardist riet: „Belehrt eure Kinder, daß sie keine Ungarn, Deutsche, Slaven, Italiener, sondern Bürger des constitutionellen österreichischen Staates seien." Nach der Warnung, daß Forderungen nach individuellen Nationalrechten „der an dem großen Tage geschworenen Brüderlichkeit" abträglich seien und sie zunichte machen würden, mahnte der Verfasser, des 13. März zu gedenken. „Wir waren ein Volk und haben einig gehandelt … Der alte Staat stürzte! Ein neuer Staat entstand – [und] ein neues Volk! Darum nur EINE Nationalität und keine Nationalitätsabsonderung."[52]

Andere konnten aber tschechisch-nationalistische Forderungen nach einer böhmischen Autonomie und der Gleichstellung des Tschechischen mit dem Deutschen nicht als legitim akzeptieren. „Man kann auch frei sein, ohne sich der Nationalität halber von einem anderen Volk abzusondern, mit dem man durch tausenderlei Wurzeln und Äste verwachsen ist."[53] Die tschechischen Forderungen nach politischer Autonomie und sprachlicher Gleichheit, ebenso wie die slowenischen Demonstrationen in der Steiermark, schienen ein tiefsitzendes Mißtrauen gegen deutsches Gedankengut und eine irrationale Unwilligkeit, die sogenannte höhere Kultur anzunehmen, zu implizieren. Für manche deutschen Liberale hatten die tschechisch-nationalistischen Programme in der Tat nur unter einem politischen Aspekt – als Front der reaktionären Aristokraten für ihr eigenes staatsrechtliches Programm – einen Sinn. Diese Widersprüche spitzten sich während des Pfingstaufstandes und der Belagerung von Prag durch General Windischgrätz besonders zu. Bestürzt über den zur Zeit in ihrer Stadt abgehaltenen Slawenkongreß begrüßten die Deutschen in Prag zunächst die gewaltsamen Versuche des reaktionären Generals, den Kongreß zu beenden und die Verwaltung der Stadt zu übernehmen. Viele Liberale und Demokraten in Wien teilten diesen Enthusiasmus und feierten die Belagerung als einen Sieg für den deutschen Liberalismus. Andere waren sich nicht so sicher. Als der *Verein der Deutschen in Österreich* zusammentraf, um die Ereignisse zu besprechen, zeigten die Wiener Mitglieder wenig Freude über die Junitage in Prag. Da Windischgrätz den reaktionären Grafen Leo Thun als Statthalter eingesetzt hatte, einen Mann, der auch die Forderungen der tschechischen Demokraten verraten hatte, konnten die Liberalen die Aktionen des Generals nicht unterstützen. Vereinsmitglieder in anderen Dörfern und Städten Böhmens mußten außerdem einräumen, daß Windischgrätz, ungeachtet der Tatsache, daß er Prag vielleicht für die Deutschen gerettet haben mochte, jederzeit genausogut auch gegen die Deutschen marschieren könnte, wenn er entsprechende Befehle erhielt.

Nach der Belagerung von Prag interpretierten die Deutschen in Böhmen die Feindseligkeit der Tschechen ihnen gegenüber manchmal als eine Folge von Graf Thuns politischem Einfluß. Ein Korrespondent des Vereins schrieb aus Rumberg: „Zum Glück sind noch nicht viele von [Thun] durch das Gift angesteckt … Der Deutsche wahrt sein Recht, wird aber auch nie dem anders Sprechenden das Seine nehmen."[54] In dieselbe Kerbe schlug ein von der Egerer Zweigstelle des Vereins komponiertes Lied:

> Und wenn auf unserer Brust,
> die deutschen Farben schimmern,
> so hat sich doch kein Čech;
> kein Čech darum zu kümmern.[55]

Abb. 9: Barrikadenkampf in Prag während des Pfingstaufstandes im Juni 1848.

„Des Böhmen Freiheitslied" spielte die Wichtigkeit ethnischer Differenzen angesichts politischer Fragen herunter und erklärte:

> ... und ob die Zunge, ob der Mund
> Deutsch oder čechisch spricht,
> gibt nur das freie Wort sich Kund
> für Wahrheit, Recht und Pflicht.[56]

Nach der klaren Niederlage der Tschechen und des Slawenkongresses war es vielleicht leichter, einen solchen Großmut gegenüber dem ehemaligen Feind an den Tag zu legen.

Die Frage eines vereinten Deutschland verkomplizierte das Thema des politischen Nationalismus noch mehr und brachte oft deutschösterreichische Nationalisten gegeneinander auf. Wie sollte ihre zukünftige Beziehung zu dem neuvereinigten Deutschland aussehen, das allmählich aus der Tätigkeit des Frankfurter Parlaments hervorging? Im März 1848 hatten viele deutsche Bürger und Universitätsstudenten anfangs in der Revolution eine Gelegenheit gesehen, einem auf der Grundlage von liberalen und demokratischen Idealen gegründeten größeren vereinigten Deutschland beizutreten. Österreichs enge Beziehung zu den anderen deutschen Staaten schien eine überzeugende Garantie bevorstehender Reformen zu sein. Begeisterte Liberale hatten die deutschen Farben (schwarz, rot und gold) in ihre Uniformen eingearbeitet und die neue deutsche Fahne an ihren Häusern gehißt.

In diesem Kontext scheinen František Palackýs berühmte Ablehnung der Einladung des Frankfurter Parlaments im April und seine Unterstützung eines autonomen, slawischen Österreichs eine unerhörte Denunziation von deutschen kulturellen Werten und politischem Liberalismus zu sein. Die bei vielen deutschen Liberalen verbreitete Tendenz, den slawischen Nationalismus (ungerechtfertigterweise) mit einer Unterstützung aus dem reaktionären Rußland gleichzusetzen, verstärkte nur diese Sichtweise. Als einige Slowenen in Graz ihre eigenen slawischen Farben rot, weiß und blau enthüllten und einen politischen Verein gründeten, reagierten die deutschen Liberalen mit Verbitterung, da sie glaubten, daß diese Ereignisse die

Abb. 10: Szenen aus dem Pfingstaufstand in Prag im Juni 1848.

lokale Popularität des reaktionären Konservativismus widerspiegelten. Doch nur wenige Monate nach diesem „Farbenstreit“ behandelten die Liberalen im Steirischen Landtag die slowenischsprechende steirische Minderheit weiterhin als einen potentiellen politischen Verbündeten. Im Juni schlugen die deutschen Liberalen vor, daß eine slowenische Übersetzung der Landtagsprotokolle in den deutschen Zeitungen veröffentlicht werden sollte, um die legislativen Sitzungen für die slowenische Minderheit leichter zugänglich zu machen. Mit der Begründung, daß „viele von den Windischen, welche die Gratzer Zeitung halten, sehr intelligente Leute sind“, kam ein Liberaler auf die Idee, daß „es diese daher sehr freuen wird, und sie mehr Vertrauen haben werden, wenn die Übersetzungen auch in der Zeitung in windischer Sprache erscheinen“. Gleichzeitig waren die Abgeordneten nicht sicher, ob solche Übersetzungen in den lokalen Dialekt oder ins „erhabene Slovenisch“ erfolgen sollten.[57]

Selbst die deutschen Aktivisten wußten nicht genau, welchen Gewinn sie sich von der Beteiligung an einem vereinigten Deutschland erhofften. Während des Sommers des Jahres 1848 scheint der Enthusiasmus für eine Eingliederung Österreichs in ein vereinigtes Deutschland beträchtlich nachgelassen zu haben. Dieser Sinneswandel unter deutschen Österreichern hatte oft mit der Furcht zu tun, daß die schwächeren österreichischen Unternehmer in einem offenen Markt nicht mit ihren deutschen Kollegen würden konkurrieren können. Im Rahmen von Diskussionen der Industriellen vor 1848 über die Vorteile, die aus Österreichs möglichem Beitritt zum Deutschen Zollverein gezogen werden könnten, war diese Sorge oft erwähnt worden. Diese wirtschaftlichen Probleme waren eine Zeitlang wegen der Euphorie der Märztage etwas in Vergessenheit geraten, um wieder aktuell zu werden, als das Frankfurter Parlament ernsthafter die Frage der Einigung diskutierte. Eine Petition von Kleinunternehmern aus Oberösterreich an den österreichischen Reichstag brachte die Furcht zum Ausdruck, daß zuviel Freiheit den österreichischen Mittelstand vollkommen zerstören würde. Mit dem Hinweis, daß die vollkommene Handelsfreiheit, über die das Frankfurter Parlament debattierte, in Frankreich und Belgien für „das Schreckbild der Neuzeit, das Proletariat", verantwortlich sei, beschwor die Petition die Abgeordneten, ihren Enthusiasmus für den Freihandel durch einige Einschränkungen zu dämpfen. Eine ähnliche Petition des Prager Handwerkervereins an das Parlament wiederholte dieselben Ängste: „Die Erfahrung von England und Frankreich hat uns gelehrt, daß die sogenannte Gewerbefreiheit, die unbeschränkte Anwendung der Maschinen, die Übermacht des angehäuften Kapitals diesen Mittelstand erdrücken, und das mit Recht gefürchtete Proletariat gebären." Sollte Österreich jedoch den anderen deutschen Staaten im Zollverein beitreten, wäre es unwahrscheinlich, daß die Beschränkungen in Handel und Industrie beibehalten werden würden.[58]

Auch die Delegierten auf dem *Ersten Congress der deutschen Vertrauensmänner aus Böhmen* in Teplitz, einem mäßig besuchten Treffen von Vertrauensmännern aus Nordböhmen im August 1848, brachten ihre ambivalente Haltung gegenüber den potentiellen Folgen der Vereinigung zum Ausdruck. So sehr sie auch verstärkte politische

Bindungen an Deutschland unterstützten, machten die Delegierten gleichzeitig den Wettbewerb mit Waren aus dem Zollverein für ihre jüngsten wirtschaftlichen Probleme verantwortlich. Die Delegierten auf dem *Ersten Congress der deutschen Vertrauensmänner aus Böhmen* bemühten sich sehr darum, administrative Lösungen für den Nationalitätenkonflikt in Böhmen zu finden. Viele von ihnen favorisierten eine zukünftige Teilung des gesamten Reiches in Kreise, wobei die ethnische Zusammensetzung der Bevölkerung anstelle der historischen Bezirksgrenzen treten sollte. Damit war das Problem der kleinen Inseln von deutsch- und tschechischsprachigen Bewohnern innerhalb ansonsten ethnisch homogener Gebiete (wie die Deutschen in Prag, Brünn oder Iglau) jedoch noch nicht gelöst. Die meisten Abgeordneten waren nicht bereit, so weit zu gehen wie ein Wiener Sprecher, der sagte: „Es handelt sich darum, den lebenskräftigen Teil der Deutschböhmen zu wahren und schützen, und den kranken und faulen sich selbst zu überlassen.“ [59] Sie zogen auch andere Lösungsmöglichkeiten wie die Teilung Böhmens in einen tschechischen und einen deutschen administrativen Bezirk oder die Teilung des Böhmischen Landtages in separate deutsche und böhmische Kurien in Betracht. Ab den 1880er Jahren bis zum Zusammenbruch der Donaumonarchie sollten diese Probleme und Lösungsvorschläge immer wieder aufgebracht und diskutiert werden.

Viele deutsche Liberale begannen auch zu verstehen, daß ihr Beharren auf einer Vereinigung mit Deutschland ihre politische Position in Österreich schwächte, wo sie mit den anderen nationalistischen Gruppen im österreichischen Parlament eng zusammenarbeiten mußten. Vor eine Entscheidung zwischen einer liberalen und einer nationalen politischen Haltung gestellt, zogen es viele Abgeordnete vor, für liberale konstitutionelle Institutionen zu arbeiten, die das Überleben ihrer besonderen gesellschaftlichen Vision sichern würden. Das Scheitern der Verhandlungen im Frankfurter Parlament über eine akzeptable Form der deutschen Einheit führte zusammen mit dem Aufschwung der konservativen Kräfte in Preußen und in der Habsburgermonarchie zu neuen Allianzen und Koalitionen. Der gescheiterte Wiener Aufstand vom Oktober 1848 verstärkte für die deutschen Liberalen die Notwendigkeit, auch für andere Gruppen akzeptablere politische Lösungen zu finden, um das zu retten, was von der Revolution übrigblieb.

Einige deutsche Nationalisten wie Löhner kamen zu dem Schluß, daß es wichtiger sei, einen Kompromiß mit den anderen nationalistischen Parteien über eine Verfassung zu erreichen als einen von Prinzipien geleiteten, aber auf verlorenem Posten stehenden Kampf um die deutsche Einheit zu führen. Diese Erkenntnis lag großen Teilen der Arbeit des Verfassungsausschusses des österreichischen Reichstags zugrunde, der sich von Januar bis März 1849 bemühte, den Entwurf einer Verfassung für die österreichische Hälfte des Reiches zu formulieren. Die deutschen Liberalen waren bestrebt, eine zentralisierte Struktur für die Monarchie zu schaffen. Letztendlich hielten sie die Schaffung von zentral garantierten Institutionen und Bürgerrechten innerhalb der multinationalen Monarchie für erstrebenswerter als die deutsche Einigung. Im Februar 1849 zum Beispiel erklärte Baron Joseph Lasser aus Oberösterreich seinen Kollegen aus dem Komitee: „In der Homogenität gewisser Grundbestimmungen, von denen die Freiheit der Individuen, die Freiheit der Gemeinden, das Zusammenhalten des Reiches abhängt, sehe ich die wahre Freiheit. Aus diesen Rücksichten habe ich die deutschen Sympathien aufgegeben.“[60]

Im Januar 1849 präsentierte der Ausschuß dem gesamten österreichischen Reichstag den Entwurf einer Präambel für die neue österreichische Verfassung, die sowohl die Macht der Krone als auch die Rechte der Bürger definierte. Dieses liberale Dokument – das einzige, das vom gesamten Reichstag diskutiert wurde und über das der gesamte Reichstag abstimmte – erklärte kühn, daß alle Macht vom Volke ausgehe. Diese Erklärung allein erregte solches Mißfallen bei der Krone, daß sie in die Formulierung „vom Herrscher und vom Volke“ abgeändert werden mußte. Der Reichstag stimmte dann dem Rest der Präambel zu, der Adelstitel abschaffte, die katholische Kirche auf den gleichen Rang mit anderen Religionen und Sekten reduzierte und die zivile Ehe, Gleichheit vor dem Gesetz, Pressefreiheit und Versammlungsfreiheit einführte. Auf dem Gebiet der Außenpolitik gab die Präambel dem Kaiser fast unbegrenzte Vollmachten. Es war für die Liberalen allerdings bezeichnend, daß ein Vertrag nur

Abb. 11: Sturm auf eine Barrikade während des gescheiterten Aufstandes in Wien im Oktober 1848.

dann die Zustimmung des Reichstages benötigte, wenn er finanzielle Verpflichtungen für das Volk enthielt.

In seiner endgültigen Form erklärte der Paragraph 21 der Grundrechte: „Alle Volksstämme des Reiches sind gleichberechtigt", und garantierte jeder Nationalität ein „unverletzliches Recht auf Wahrung und Pflege seiner Nationalität überhaupt und seiner Sprache insbesondere." Dieser Paragraph formulierte ein formales Prinzip, das verschiedenen Interpretationen offenstand. Die Abgeordneten waren sich einig, daß eine Gruppe das Recht hatte, ihr besonderes kulturelles Erbe zu pflegen, doch die Frage, wieweit dieses Recht sich im Bereich des öffentlichen Lebens erstreckte, blieb umstritten. Bezog sich die Gleichberechtigung der Sprachen im lokalen Gebrauch zum Beispiel auf Schulen über dem Niveau der Grundschule oder auf bürokratische Institutionen über der Ebene des Dorfes oder der Kleinstadt? Die Tschechen konnten den Paragraphen als eine Unter-

Abb. 12: Der junge Rudolf Brestel, der große Teile der zum Scheitern verurteilten Kremsier-Verfassung erarbeitete. Später wirkte er an der sogenannten Dezemberverfassung von 1867 mit, die großen Einfluß auf die heutige republikanische Verfassung Österreichs ausübte.

stützung von zweisprachigen Universitäten oder des Gebrauchs der tschechischen Sprache in den höchsten Ebenen der Landesbürokratie interpretieren, während er für die deutschen Liberalen nur auf lokale Gegebenheiten zutraf. Und was war der Unterschied zwischen einer anerkannten „landesüblichen Sprache" und einem bloßen Dialekt? Der Ausschuß wollte spezifischere Anwendungen des Prinzips ausarbeiten, während er über die zukünftigen organisatorischen und administrativen Strukturen der Monarchie verhandelte.[61]

Allen Teilnehmern war klar, daß die Frage von Österreichs staatlicher Struktur – föderalistisch oder zentralistisch – darüber entscheiden würde, wie die Nationalitätsklausel im Endeffekt angewendet werden würde. Die Föderalisten unter der Führung von Palacký und seinem Schwiegersohn Franz Rieger schlugen vor, daß der Ausschuß zunächst die Vollmachten der Zentralregierung festlegen sollte und daß alles andere den Landesregierungen überlassen werden sollte. Die meisten deutschen Liberalen kämpften hart darum, erst die Vollmachten der Landtage auszuarbeiten und den Rest der Zentralregierung zu überlassen. Sie widersetzten sich jeder Lösung der Nationalitätenfrage, die den einzelnen Kronländern weitgehende Autonomie gab. Die Deutschen machten die größte nationale Gruppe in der Donaumonarchie als Ganzer aus, aber sie waren über viele Regionen verstreut. In manchen Ländern, wie Böhmen und Mähren, stellten sie eine deutliche Minderheit. Deshalb sahen sie in der Zentralregierung ihren besten Fürsprecher. Rudolf Brestel aus Niederösterreich schlug vor, jene Kronländer mit zahlenmäßig bedeutenden ethnischen Minderheiten, wie Böhmen, in große Kreise einzuteilen, die nach nationalen Grenzen gebildet werden sollten, und besondere Gerichte zur Verhandlung nationaler Auseinandersetzungen einzurichten. Damit kehrte er zu einem Lieblingsthema der Liberalen zurück, der Kombination von Gemeindeselbstverwaltung und Zentralismus auf Staatsebene. Rieger hatte an dieser Lösung auszusetzen, daß sie die vielen kleinen Sprachinseln unberücksichtigt lasse. Er hielt eine Bezirksautonomie für noch weniger praktikabel als eine Länderautonomie.

Cajetan Mayer aus Mähren/Schlesien griff mit einer eloquenten Rechtfertigung der zentralistischen Vision, die auch die zukünftige deutsche liberale Position zum Nationalismus beeinflußte, in die Debatte ein. Das alte Regime heraufbeschwörend erinnerte Mayer seine Kollegen daran, wie Metternich die österreichischen Völker angeblich mit eiserner Faust zusammengehalten und jedes autonome Leben unterdrückt habe. Die Abgeordneten gäben Metternich im nachhinein recht, wenn sie fortführen zu beweisen, daß es keinen anderen Weg gebe, alle zusammenzuhalten. Er bat die Mitglieder des Ausschusses, einander zu vertrauen und zusammen auf ein gemeinsames Ziel hinzuarbeiten. „Bisher konnte man nicht Österreicher sein können [sic], weil man die Provinz mehr liebte, indem man dort dem Drucke von oben ferner stand. … Wenn es wahr ist, daß der Deutsche früher der Herr und der Slawe der Knecht war, so sei dies nur in dem Sinne wahr, weil die Regierung deutsch war, und beide knechtete. Die Regierung konnte nicht slawisch, ihre Organe der gemeinsamen Knechtung mußten daher deutsch reden.“ Mayer fügte hinzu: „Mit der Gleichberechtigung will der Deutsche ebensogut als der Slawe emanzipiert werden. Wer den Haß der Slawen gegen die Bürokratie übertrage auf das Deutschtum … der mache Metternichs

Princip divide et impera geltend."[62] Mayers Fähigkeit, die Interessen der durchschnittlichen deutschsprachigen Bevölkerung in der gesamten Donaumonarchie von denen der deutschsprachigen Bürokratie zu trennen, zeigen seine genaue Kenntnis des vielschichtigen Nationalitätenproblems in Österreich. Gleichzeitig kam Mayer zu einem deutlich anderen Ergebnis als die tschechischen Nationalisten, die das Problem gerade in der Existenz einer mächtigen Zentralregierung und nicht in den spezifischen Machtmißbräuchen dieser Regierung ansiedelten.

Die Mehrheit des Verfassungsausschusses, das politisch zugunsten der Zentralisten gewichtet war, stimmte mit Mayer für eine Einschränkung der Länderautonomie von oben durch ein starkes zentrales Parlament, und von unten dadurch, daß den halbautonomen Bezirken und Gemeinden einige Vollmachten gegeben wurden. Um jeden Zweifel über den letztendlichen Ursprung der Autorität auszuräumen, fügten sie eine von Lasser verfaßte Klausel hinzu, die besagte, daß in Fällen, wo die Gerichtsbarkeit zwischen Reichstag und den Landtagen unklar war, die Angelegenheit von der „Zentralregierung" – und nicht vom Monarchen – entschieden werden sollte. Adolf Fischhof, einer jener Wiener Demokraten, die gegenüber den Absichten der Zentralregierung etwas mißtrauischer waren als die Liberalen – eine Position, die die Demokraten auf die gleiche Seite wie die slawischen Föderalisten stellte, mit denen sie sonst nicht viel gemeinsam hatten –, schlug sogar vor, der *Reichsgesetzgebung* statt der *Reichsregierung* die entscheidenden Vollmachten zu geben. Für die deutschen Liberalen garantierte Lassers Lösung die Umsetzung eines einheitlichen Kodexes von Gesetzen und bürgerlichen und religiösen Rechten für die unterschiedlichen Völker der Monarchie, während gleichzeitig die örtlichen Gemeinden von der Herrschaft der bisher willkürlichen Bürokratie befreit wurden.

Nach langen Debatten beschloß der Ausschuß auch, daß der Reichstag und nicht die einzelnen Landtage die Industrie-, Wirtschafts- und Zollpolitik sowie Angelegenheiten des Bildungs- und Religionswesens regulieren würde. Einige tschechische Abgeordnete hatten argumentiert, daß angesichts der enormen Unterschiede in den regionalen Bedingungen und Bedürfnissen die jeweilige Industriegesetzgebung von den einzelnen Ländern verabschiedet werden müßte. Außerdem warnten die Föderalisten, daß zukünftige Zentralregierungen vielleicht der wirtschaftlichen Entwicklung bestimmter Landesteile zu wenig Aufmerksamkeit schenken würden, während sie das Wachstum in anderen förderten. Als Beispiel gaben sie der Wiener Regierung die Schuld am Verfall der böhmischen Leinenindustrie in den 1840er Jahren. In seiner Antwort erklärte Brestel, daß eine Zollregulierung und der Allgemeinheit zugängliche Bildungschancen die besten Voraussetzungen seien, das Industrieniveau zu heben. Er fügte hinzu, daß die Depression der 1840er Jahre von Ereignissen in den Vereinigten Staaten und in Spanien sowie von der Einführung der Mechanisierung verursacht worden sei, nicht von den Fehlern der österreichischen Zentralregierung.

Die Liberalen argumentierten, daß die Industrietreibenden sich gleichbleibender Arbeitsbedingungen in der gesamten Monarchie sicher sein mußten. „Der große Unternehmer muß der Arbeitskräfte aller Provinzen gewiss sein", behauptete ein Liberaler. „Könnte der Fabrikant in Böhmen bestehen, wenn dort sechs oder acht, und in Mähren zwölf Arbeitsstunden festgesetzt wären?" fragte Brestel. Überdies fürchteten die Liberalen, daß einige Landesteile vielleicht sogar auf die Zunftregulierung von Arbeit oder auf ein System, das die Anzahl und Art von Industrien einschränkte, die an einem bestimmten Ort aufgebaut werden konnten, zurückgreifen könnten – beides Maßnahmen, die sie verurteilten. Tatsächlich hatten 1848 Kleinunternehmer, die die verheerenden Folgen des offenen Wettbewerbs mit großen oder ausländischen Firmen fürchteten, bereits genau diese Art von Maßnahmen von den Landtagen und vom Reichstag gefordert. Die liberalen Mitglieder des Komitees argumentierten auch, daß die Industriegesetze viel zu wichtig und komplex seien, um sie dem Ermessen der einzelnen Länder zu überlassen, die möglicherweise der allgemeinen wirtschaftlichen Entwicklung schaden könnten, indem sie entgegengesetzte politische Linien verfolgten. Emil Vacano aus Oberösterreich bestätigte diese Haltung in seiner Behauptung: „Der Industrielle ist in seinem Fache Kosmopolit, Beschränkungen wirken in diesem Fache stets nachteilig."[63] Auf diese Weise verstärkten die zentralistischen Beamten und die liberalen Geschäftsleute ihre gegenseitige theoretische Unterstützung einer Politik des staatlichen Zentralismus.

Es kam niemals zu einer Abstimmung des gesamten österreichischen Reichstages über diese Empfehlungen, und die Arbeit des Verfassungsausschusses wurde plötzlich abgebrochen. Den ganzen Februar 1849 hindurch brachten Mitglieder des Ausschusses ihre Sorge zum Ausdruck, daß die Reichsregierung vielleicht versuchen würde, ihre Arbeit zu untergraben, indem sie ihre eigene Verfassung diktierte. Und tatsächlich versammelte am 6. März Graf Franz Stadion die Führer der Parteien, um ihnen den Text einer Gegenverfassung zu verlesen, den er selbst auf Wunsch des Kaisers entworfen hatte. Am nächsten Tag löste die Regierung den Reichstag auf und veröffentlichte gleichzeitig Stadions Verfassung. Die Abgeordneten wurden unter dem Vorwand, sie hätten ihre Zeit mit gefährlichen philosophischen Diskussionen vertan, entlassen. Fast auf den Tag genau ein Jahr nachdem die Märzrevolution Metternichs Regime gestürzt hatte, verbot eine neue Regierung das Begehen dieses Jahrestages.

Die Regierung schien die deutsche liberale Bewegung vollkommen zerschlagen zu haben. Nach dem Oktoberaufstand in Wien waren politische Klubs nach und nach untersagt worden.

Im Dezember 1848 hatte die Regierung ein Memorandum an die Statthalter der einzelnen Kronländer geschickt, das schließlich alle demokratischen oder radikalen politischen Vereine verbot. Die wenigen gewählten Institutionen, die sich weiterhin trafen – vor allem Gemeinderäte – verloren die Möglichkeit, politische Entscheidungen zu fällen und dienten statt dessen als lokale administrative Körperschaften zur Durchführung der Regierungspolitik. Die Presse wurde wieder einer strengen Zensur unterzogen, in der gesamten Monarchie wurden Revolutionäre aller Nationalitäten und politischen Richtungen verhaftet oder Polizeischikanen ausgesetzt. In Ungarn konnte das Regime die Ordnung nur mit Hilfe der russischen Armee wiederherstellen, und dort war die Vergeltung besonders brutal. Karoline von Perin, die den *Ersten Wiener demokratischen Frauenverein* gegründet hatte, gelang es nach sechs Monaten Gefangenschaft, nach München auszuwandern, wobei der Staat ihr persönliches Vermögen konfiszierte. Nur die rechtzeitige Fürsprache des Justizministers Anton Rit-

Abb. 13: Barrikaden in Wien während des gescheiterten Aufstandes im Oktober 1848 (Frauen waren beim Barrikadenbau akiv).

ter von Schmerling rettete Karl Giskra, einen Studentenvertreter im Frankfurter Parlament, der später noch großen Ruhm erlangen sollte, vor der Gefangenschaft. Die Regierung beendete auch zahlreiche vielversprechende akademische Karrieren, indem sie studentischen Abgeordneten wie Giskra oder Stremayr untersagte, ihren Lebensunterhalt mit der Juristerei zu verdienen. Mehreren anderen Revolutionären, unter ihnen dem sogenannten Bauernbefreier Hans Kudlich und den Demokraten Joseph Goldmark und Ernst von Violand, gelang es, sich ins Ausland abzusetzen. Andere, die nicht so glücklich waren, verloren ihr Leben in den Barrikadenkämpfen während der Belagerung von Wien im Oktober 1848 oder wurden standrechtlich erschossen, als die kaiserliche Armee die Stadt zurückerobert hatte. Wieder andere Liberale wie der Rechtsanwalt Alexander Bach schlossen sich der Bürokratie des neuen Regimes an.

Die meisten Liberalen suchten vor den Wirren und der Gewalt des

Abb. 14: Eine Wiener Barrikade.

Abb. 15: Verzweifelter Kampf auf der Barrikade an der Mariahilfer Linie während des gescheiterten Aufstandes im Oktober 1848.

Revolutionsjahres Zuflucht bei ihrer Arbeit und im Schoß der Familie. Der Prager Professor Leopold von Hasner sprach in späteren Jahren für viele, als er sich an die Ära, die 1849 begann, als eine erinnerte, „in der ich der Welt wenig und meinen lehramtlichen und wissenschaftlichen Aufgaben fast ausschließlich angehörte".[64] Andere rieten angesichts des zunehmend reaktionären Regimes zu Geduld und Ausdauer. Doch wie das nächste Kapitel zeigen wird, blieben liberale Ideen und große Teile des liberalen Diskurses erhalten und strukturierten die Ansichten des neuen Regimes über viele gesellschaftliche und wirtschaftliche Fragen. Die öffentliche Diskussion dieser 1848 aufgeworfenen Probleme ging im nächsten Jahrzehnt weiter, wenn auch nur innerhalb der bürokratischen Zirkel und losgelöst von ihren offenen politischen Implikationen. Und in den 1860er Jahren, als die Regierung eine Art von Konstitutionalismus zugestand, zeigte sich, daß die liberale politische Kultur und ihre Rhetorik keineswegs überholt waren, sondern nur auf eine günstige Gelegenheit gewartet hatten. In einer heftigen Entladung von rechtschaffener Rhetorik und energischem Aktivismus sollten die älteren Liberalen sich an denen rächen, die ihrer Ansicht nach für die tragischen Niederlagen ihrer Jugend verantwortlich waren.

Das liberale Erbe

> Die Ruinen des Polizei- und bürokratischen Staates liegen uns zu Füßen.
>
> Konstitutionelle Vorstadt-Zeitung, 23. 12. 1867.

> Glauben Sie nicht, daß wir in Österreich eine Pöbelherrschaft einführen werden … Deshalb, daß Sie als Mensch geboren werden, erhalten Sie noch kein Recht, ein Wahlrecht geltend zu machen, Sie müssen dasselbe erwerben, indem man annimmt, daß Sie Interesse daran finden – dieses Interesse wird durch die direkte Steuer bestimmt.
>
> Innenminister Karl Giskra, 1868

Die prägenden Ereignisse von 1848 blieben für den Rest des Jahrhunderts ein kritischer Punkt für Österreichs Liberale, die natürlich das volle Ausmaß der Bedeutung dieser Vorfälle für ihre spätere Bewegung nur ungern zugaben. Obwohl sie oft den optimistischen Idealismus der Märztage heraufbeschworen, zogen sie es vor, das revolutionäre Umfeld zu vergessen, das ihnen die Möglichkeit zur Umgestaltung ihrer Welt erst ermöglicht hatte. Trotzdem leiteten sich die organisatorischen Wurzeln des Liberalismus im bürgerlichen Verein wie auch seine ideologischen Wurzeln in den Idealen der allgemeinen Bürgerrechte aus der Erfahrung von 1848 her. Diese Verbindung wird um so deutlicher, wenn man untersucht, was die Liberalen in der Praxis in der Periode von 1861 bis 1890 sagten und taten, als sie schließlich in Wien und vielen Kronländern an die (politische) Macht kamen. Sie wird auch in den nationalistischen Strategien klar, die liberale Aktivisten in den 1890er Jahren aufgriffen, um die Popularität ihrer untergehenden Bewegung wieder zu steigern. Als Ende des 19. Jahrhunderts neue populistische Parteien das Recht der Liberalen, Österreich zu regieren, in Frage stellten, setzten die Liberalen sich zur Wehr, indem sie im Kontext des traditionellen politischen Vereins oft neue soziale Kräfte mobilisierten. Doch das liberale Vermächtnis von 1848 an das moderne Österreich geht weit über organisatorische Formen wie den politischen Verein hinaus. Eben jene Organisationen brachten eine spezifische Denkweise über die Gesellschaft hervor, die heute in der Rhetorik der FPÖ und des Liberalen Forums wieder auftaucht.

Dieses Kapitel verfolgt die Spuren des liberalen Vermächtnisses vom tragischen Moment der vollkommenen Niederlage im Jahr 1849 über die berauschenden politischen Triumphe von 1867 bis hin zur Transformation des Liberalismus von einer primär politischen zu einer primär nationalistischen Bewegung am Anfang des zwanzigsten Jahrhunderts. Durch die gesamte turbulente Geschichte zeichnen sich klare Kontinuitäten ab, vor allem in den Versuchen der Liberalen, die Gesellschaft nach dem Vorbild eines Vereins von ‚Gleichgesinnten' neu zu schaffen. Um die Jahrhundertwende nahmen sich auch die Nationalisten dieses Projekts an, und heute charakterisiert es die rhetorischen Kämpfe der FPÖ und des Liberalen Forums gegen die Macht der traditionellen Hierarchien im modernen Österreich wie die Kirche, die Gewerkschaften und die Bürokratie.

DIE WIEDERBELEBUNG DES LIBERALISMUS

Jene österreichischen Liberalen, die 1849 die schweren Repressionen der Regierung überlebten, waren zutiefst entmutigt und zweifelten daran, daß sie ihre politische Vision je in die Tat würden umsetzen können. Im geographischen oder geistigen Exil, überschätzten sie verständlicherweise die Fähigkeit des Staates, seine Autorität wieder durchzusetzen, während sie gleichzeitig die Dauerhaftigkeit ihrer eigenen Leistungen unterschätzten. Nur sehr wenige hätten gedacht, daß innerhalb einer Generation die meisten ihrer Forderungen von 1848 mit der Gründung eines konstitutionellen Österreichs erfüllt werden würden, das sowohl ihre Träume widerspiegelte als auch die harten politischen Lektionen, die sie aus bitterer Erfahrung gelernt hatten. Im nachhinein wird deutlich, daß der in der Folgezeit nach der Aufhebung der Kremsierer Verfassung errichtete neue absolutistische Staat das liberale Programm auf seine Weise anerkannte. Der absolutistische Staat konnte nicht einfach zu den überholten Strukturen des Vormärz zurückkehren; diese Tage waren vorbei. Wenn Österreich seine internationale Position erhalten wollte, mußte es

Langzeitstrategien für eine sofortige wirtschaftliche Modernisierung entwickeln, genau wie die Liberalen vor 1848 argumentiert hatten. Und wenn die österreichische Gesellschaft nach 1848 sich weiterer Unruhen enthalten sollte, mußte der Staat eine gezieltere Politik zur Erhaltung der Loyalität seiner Untertanen ausarbeiten.

Der absolutistische Staat der 1850er Jahre übernahm einige liberale Prinzipien, um Österreichs Wirtschaftskraft zu beleben, führte aber gleichzeitig die Macht der josephinischen Kirche wieder ein, um den Österreichern konservative soziale Werte einzuimpfen. Vor allem verließ sich dieses neue System auf ein erneuertes Sendungsbewußtsein innerhalb der Bürokratie. Es stand außer Zweifel, daß in einigen Sektoren Reformen notwendig waren, aber die Reform sollte von oben geschehen. Die Bürokratie war nicht mehr die passive Aufrechterhalterin des Status quo, die sie im Vormärz gewesen war, sondern übernahm wieder jene aktive Rolle in der Ausarbeitung von Politik, die sie bereits unter Josef II. innegehabt hatte. „Nicht eine Restauration des vormärzlichen Absolutismus war also das Ergebnis", erinnert uns der Historiker Harm Hinrich Brandt, „sondern der nunmehr aller konstitutionellen Formen entkleidete nackte bürokratische Zentralismus."[65]

Nach den Unruhen und Gewalttätigkeiten von 1848 waren sich viele Bürger einig, daß eine Reform von oben tatsächlich der sicherste Weg war. Einige, wie der Wirtschaftswissenschafter Ernst von Schwarzer, kamen zu dem Ergebnis, daß die politische Demokratie zum Erreichen eines wirtschaftlichen Wohlstandes nicht nötig war: „Das wirklich Erreichbare von dem, was einst Malcontente und utopistische Träumer auf dem Weg politischen und socialen Umsturzes zu erreichen gedachten, wird jetzt auf legalem ... Wege mit Beihilfe der Regierung selbst durch die volkswirtschaftliche Reform erzielt, und es zeigt sich mehr als je, daß jene Staatsform geeignet ist, das Glück ... der Menschen zu fördern."[66] Einige prominente Liberale von 1848 wie Alexander Bach waren von der populären Demokratie so desillusioniert, daß sie für das neue System arbeiteten.

Selbst jene, die weiterhin liberale politische Institutionen forderten, änderten oft ihre Vorstellungen davon, wie diese Institutionen in der Praxis aussehen sollten. Das Bürgertum hatte 1848 oft auf dem Recht der Gesellschaft bestanden, sich selbst Gesetze zu geben, doch dieses demokratische Ideal war – wie die vielen Auseinandersetzungen über Wahlrechtsgesetze in diesem Jahr bewiesen – unterschiedlich interpretiert worden. Im Österreich der 1850er Jahre jedoch wurden die Grundrechte der Bürger, wie anderswo in Mittel- und Westeuropa, eingeschränkter und abstrakter verstanden. Die liberalen Bürger entwickelten ein Konzept der indirekten Repräsentation, mit welchem sie das gescheiterte Ideal der direkten Herrschaft ersetzten. Das Bürgertum würde nicht nur im Auftrag der Gesellschaft handeln, was es ja schon Anfang des Jahres 1848 getan hatte, sondern auch für die Gesellschaft sprechen.

Selbst nach diesem Sinneswandel konnten sich die meisten Vertreter von 1848 nie ganz mit der bürokratischen Herrschaft der 1850er Jahre abfinden. Während sie die neue deutschorientierte Zentralisierung der Staatsverwaltung in der Tradition Josefs II. vielleicht begrüßten, bedauerten sie den Verlust der Gemeindeautonomie und der parlamentarischen Herrschaft. Obwohl sie die Idee einer einheitlichen Gesetzgebung zur Förderung der wirtschaftlichen Entwicklung lobten, bezogen sie Stellung gegen die Modernisierung, die auf Kosten der Kleinunternehmer, die das Rückgrat des lokalen Bürgertums bildeten, die Interessen der Großindustriellen und Bankiers bevorzugte. Der Versuch des Staates, Einfluß in Deutschland zu gewinnen, indem er Zölle senkte, um sie dem Zollverein anzugleichen, löste 1858 bei den österreichischen Unternehmern Empörung aus. Und die expansionistische Staatspolitik dieser Zeit erhöhte das Haushaltsdefizit Österreichs in den Bereich einer unkontrollierbaren Größenordnung. Doch die bei den Liberalen wahrscheinlich unpopulärste Maßnahme des neuen Regimes war eine symbolische: der Abschluß des Konkordats mit dem Papst, das der Kirche einen entscheidenden Einfluß über das Bildungswesen zugestand. Für die Liberalen wog der Abschluß dieses verhaßten Konkordats – trotz der Tatsache, daß seine Bedingungen überhaupt nicht so einseitig waren, wie die Liberalen sie gerne darstellten – weit schwerer als alle nützlichen Reformen, die das Regime unternommen haben mochte. Im Jahr 1848 war der soziale Einfluß von religiösen Institutionen keine wichtige Frage gewesen; die nächsten 150 Jahre lang sollte sie zum entscheidendsten Thema des Liberalismus werden.

Nur zehn Jahre nachdem das absolutistische System die Revolution besiegt hatte, zerfiel es selbst. Eine Finanzkrise und eine militärische Niederlage gegen Italien zwangen den Kaiser dazu, in der Donaumonarchie eine wie auch immer geartete politische Reform zuzugestehen. Einige Liberale sahen diese Kehrtwendung als die langerwartete Gelegenheit, den Konstitutionalismus wiederzubeleben. Die liberalen Wiener Bankiers weigerten sich, ohne eine Garantie der konstitutionellen Reform das angewachsene Haushaltsdefizit zu finanzieren; die Ungarn weigerten sich, ihre Steuern zu bezahlen, und forderten die Wiedereinsetzung ihrer Verfassung von 1848. Die nächsten acht Jahre lang führten deshalb die Liberalen, die Beamten, der konservative Adel und der Kaiser einen erbitterten Kampf um die politische Richtung des neuen Österreichs. Die Liberalen bestanden auf einer völligen Rückkehr zur konstitutionellen Herrschaft, der Bewahrung eines stark zentralisierten Staates und einer Garantie der Gemeindeautonomie, des Bürgerrechts, der Verantwortlichkeit der Minister und der Durchsetzung eines Rechtsstaates. Die Konservativen kämpften für einen föderativen Staat, in dem die Macht zwischen den von Adligen dominierten Landtagen verteilt war. Die Beamten ihrerseits wollten einen hochzentralisierten Staat beibehalten, widersetzten sich aber einer Verfassung, die die Minister einem gewählten Parlament gegenüber verantwortlich machte. Und der Kaiser, der sozial mit dem Adel sympathisierte, sich aber politisch auf die Bürokratie verließ, schwankte zwischen all diesen unerquicklichen Vorschlägen und versuchte seine eigenen Vorrechte zu erhalten, indem er so wenig Zugeständnisse wie möglich machte.

Der erste Akt in diesem sich lange hinziehenden Kampf gipfelte in Anton Ritter von Schmerlings Februarpatent von 1861. Dieses Dokument schuf einen zentralen Reichsrat mit dem Recht, über die einfache Zustimmung zum Haushalt hinaus Gesetze zu erlassen. Es sagte aber nichts aus über Bürgerrechte, die Verantwortlichkeit von Ministern oder den gewünschten Rechtsstaat. Das Patent stieß bei jenen Beamten auf Zustimmung, die eine zentralisierte Staatsstruktur erhalten wollten, da es die Vereinigung Ungarns mit dem Rest von Österreich beibehielt. Die meisten Liberalen blieben in ihrer Einschätzung des Patents verständlicherweise vorsichtig, sahen es aber als einen wichtigen Schritt in Richtung eines vollständigen Konstitutionalismus. Wie zu erwarten war, stieß das Patent beim föderalistischen Adel wie auch bei den Ungarn, die sich weigerten, Schmerlings neuem Reichsrat anzugehören, auf Befremden.

Diese Frühphase des Konstitutionalimus – oder „Scheinkonstitutionalismus“, wie ihn die Liberalen bald spöttisch nannten – enttäuschte schon bald nach ihrem Inkrafttreten fast sämtliche Beteiligten. Die Liberalen, von denen eine Unterstützung der Schmerling-Regierung erwartet wurde, weigerten sich zu kooperieren, falls das neue System nicht schnell in ein vollständiges parlamentarisches System umgewandelt würde. Sie benutzten den neuen Reichsrat hauptsächlich als ein Podium, von dem aus sie lautstark nach konsequenteren Reformen verlangten. Sowohl die Wiener Presse als auch die Provinzpresse lenkten die Aufmerksamkeit der Öffentlichkeit in der gesamten Donaumonarchie auf die Stimmen von etwa 120 Liberalen, die im Abgeordnetenhaus des Reichsrats saßen, und stachelte sie dadurch zu weiteren rhetorischen Extremen an. „Eine Durchsicht der Berichte aus jener bewegten Parlamentsperiode muß ... jeden Österreicher mit Stolz erfüllen“, schrieb Heinrich Pollak, politischer Reporter für die *Morgenpost.* „Welche Fülle von Geist und Scharfsinn ist da in den einzelnen Reden enthalten!“[67] Man könnte hinzufügen, daß den Anliegen einer so kleinen sozialen Gruppe in Österreich noch nie so viel journalistische Aufmerksamkeit zuteil geworden war. In einer Woche, in der der Reichsrat zusammentraf, konnte man lesen, wie frühere 1848er wie Karl Giskra, Ignaz Kuranda, Eugen von Mühlfeld oder Moritz von Kaiserfeld und andere die zunehmend unter Druck geratende Regierung mit wüsten Beschimpfungen eindeckten. Und doch wurde in den 1860er Jahren bald davon ausgegangen, daß genau diese moralisierende Rhetorik der kleinen, aus Wien agierenden Gruppe von Männern die allgemeinen Bedürfnisse des österreichischen Volkes repräsentiere. Vom Reichsrat in Wien bis hin zu Diskussionskreisen in den entferntesten Dörfern bildeten die liberalen Ansichten die (akzeptierte) diskursive Grundstruktur, in der fast alle öffentlichen Fragen diskutiert wurden.

Franz Josephs größte Angst bei der Erlassung des Februarpatents im Jahr 1861 war – trotz Schmerlings naiver Versicherung, daß es die

Mitarbeit der verhaßten Liberalen erkaufen würde – die Möglichkeit einer drohenden öffentlichen und unerbittlichen Opposition gewesen. Der Kaiser verlangte von seiner Regierung sogar die bedingungslose Zusage, den Thron gegen jegliche weiteren konstitutionellen Zugeständnisse zu verteidigen. Doch die glücklosen Minister konnten die unbeabsichtigten Folgen des Februarpatents nicht aufhalten; die Liberalen hatten nun einen Stützpunkt, von dem aus sie die Eroberung des Staates selbst in Angriff nehmen konnten. Im Jahr 1865 sistierte ein wütender Franz Joseph den auf soviel Widerstand stoßenden Reichsrat.

Diese Kämpfe kamen nicht vor 1867 zu einer endgültigen Entscheidung, und diese hing wiederum von einem weiten Feld an Unvorhersehbarkeiten ab, das weit über die Forderungen der deutschen Liberalen und den Widerstand des Kaisers hinausging. Nach einigen weiteren politischen Krisen und einem gegen Preußen verlorenen Krieg im Jahr 1866 (eine Niederlage, für die die Liberalen kühn die geschwächte Moral einer ihrer Verfassung beraubten Nation verantwortlich machten) kapitulierte der Kaiser sowohl vor den Forderungen der ungarischen als auch der deutschen Liberalen. Als sich am Morgen nach Königgrätz der Staub gelegt hatte, nahm eine neue Regelung Form an. Im Grunde wurde das geeinte Habsburgerreich in ein österreichisches Kaiserreich und ein ungarisches Königreich geteilt. Die beiden sollten eine gemeinsame Verteidigungs- und Außenpolitik verfolgen und auch im Finanzbereich zusammenarbeiten, doch konstitutionell ging jeder der beiden Staaten seinen eigenen Weg. In Österreich bekamen die Liberalen die Gelegenheit, ihre eigene Verfassung zu schreiben, und Ende des Jahres 1867 schufen sie die erste konstitutionelle Regierung Österreichs nach 1848, das sogenannte „Bürgerministerium“. Nach der traumatischen Niederlage von 1849, nach einem Jahrzehnt des Absolutismus und einem siebenjährigen Kampf gegen Kaiser, Bürokratie, katholische Kirche und große Teile des Adels glaubten viele Liberale, daß sie endlich am Anfang eines neuen goldenen Zeitalters standen. Dieser so oft verschobene Traum versprach nun individuelle Freiheiten, sozialen Fortschritt und grenzenlose wirtschaftliche Expansion.

Welche Ordnung schufen die Liberalen nun tatsächlich, als sich ihnen die Gelegenheit bot, die Verfassung Österreichs zu reformieren? Welche praktische Bedeutung gaben die Liberalen 1867 ihren Slogans von 1848 wie Fortschritt, Freiheit und Ordnung, als sie sich an die Konstruktion und dann an die Regierung ihres neuen Rechtsstaates machten?

Die Liberalen begannen damit, daß sie zum ersten Mal in der Geschichte eine allgemeine österreichische Staatsbürgerschaft einführten. Alle erwachsenen männlichen Bürger wurden als vor dem Gesetz gleichberechtigt angesehen und bekamen das Recht, sich überall in Österreich niederzulassen. Ihnen wurde die Unverletzlichkeit der Person, ihres Privateigentums und Chancengleichheit bei der Bewerbung um Staatsämter garantiert. Diese Liste der Grundrechte erlaubte demonstrativ Glaubensfreiheit und gab jedem Bürger unabhängig von seinem religiösen Glauben dieselben Bürgerrechte – trotz der Tatsache, daß das verhaßte Konkordat weiterhin formal in Kraft blieb. Das Gesetz garantierte das Recht anerkannter Religionsgemeinschaften, ihre eigenen internen Angelegenheiten zu verwalten, warnte aber, daß sie wie jeder Verein der höheren Autorität des Staates unterstanden. In einem demonstrativen Verweis auf die Privilegien der katholischen Kirche und als Zeichen des kommenden wachsenden Antiklerikalismus schlug der Steirer Karl Rechbauer vor, daß kein Bürger gegen seinen Willen dazu gezwungen werden dürfe, an öffentlichen religiösen Feierlichkeiten teilzunehmen.

Die Verfassungsgesetze schafften auch die Pressezensur ab, richteten Schwurgerichtsverfahren ein und garantierten Rede-, Erziehungs- und Lehrfreiheit. Andere Reformbemühungen scheiterten, aber nicht ohne lebhafte Debatte. Eduard Herbst, Eugen von Mühlfeld und Ignaz Kuranda argumentierten zum Beispiel unermüdlich – wenn auch erfolglos – gegen die Todesstrafe. Eine andere Reformbemühung, die scheiterte, war eine im Juni 1867 vorgeschlagene Aufhebung existierender Gesetze zur Kriminalisierung homosexueller Akte. In vielen Fällen mußten die neuen verfassungsrechtlichen Zusagen später von der parlamentarischen Gesetzgebung ausgearbeitet werden. Die umstrittenste neue Gesetzgebung folgte 1868 gegen den lautstarken Einspruch der klerikalen Opposition, als die Liberalen drei Gesetze verabschiedeten, die die österreichische Gesellschaft von den Fesseln des Konkordats befreien sollten. Das erste dieser Gesetze regelte die Beziehungen zwischen Kirche und Staat, das zweite führte die Zivilehe ein, und das dritte verringerte den Einfluß der Kirchen auf die Schulen erheblich. Die Liberalen hofften, diese Veränderungen würden zum aufgeklärten Denken einer Bürgerschaft beitragen, die die Grundsätze des liberalen Staates hochachten würde.

Die Liberalen räumten den Österreichern auch die langerwünschte Versammlungs- und Vereinsfreiheit ein. Doch die Liberalen von 1867 unterwarfen dieses Recht, das 1848 solch eine entscheidende Rolle gespielt hatte, nun strengen Einschränkungen. Politische Vereine mußten beim Staat die Genehmigung ihrer Statuten beantragen, und bei ihren öffentlichen Treffen mußte ein Polizist anwesend sein. Außerdem durften weder Frauen, Kinder noch Ausländer Mitglieder der politischen Klubs werden. Das Gesetz verbot politischen Klubs auch, in mehr als einer Ortschaft Zweigstellen zu eröffnen. Worin lag nun diese ambivalente Haltung der Liberalen gegenüber einem entscheidenden Vermächtnis von 1848 begründet? Die liberale Presse kritisierte das neue Gesetz scharf und machte sich besonders über die Klausel lustig, die die Mitgliedschaft in den politischen Vereinen einschränkte. Die *Neue Freie Presse* mutmaßte ironisch, daß Ausländer wohl für die vergangenen Probleme in Österreich wie die Revolution von 1848 verantwortlich gewesen waren.[68] Andere Zeitungen bemängelten, daß das neue Gesetz eine eher dem Absolutismus der 1850er Jahre zustehende Politik wiederbelebe. In der Tat: Warum schränkten die Liberalen 1867 das Versammlungsrecht ein, für das sie seit 1848 so hart gekämpft hatten? Da sie sich selbst für die neue regierende Klasse hielten, ließen sie sich in der Verfassung einigen Spielraum, um potentiell gefährliche Situationen unter Kontrolle halten zu können. Es waren wohl die wachsenden neuen Arbeiterorganisationen, zusammen mit der nach wie vor wachen Erinnerung an die Gewalttätigkeiten von 1848, die die Liberalen dazu veranlaßten, die Versammlungsfreiheit einzuschränken. Wo immer es möglich war, setzten die Liberalen nun ihre neuen Regierungsvollmachten ein, um Arbeiterorganisationen zu schikanieren und den Arbeitern die politische Bevollmächtigung vorzuenthalten. In ihrem Neuentwurf der Grenzen der vollen Staatsbürgerschaft im Jahr 1867 waren die Liberalen vor allem bestrebt, die Rechte derer zu erweitern, die bereits das Wahlrecht hatten, und weniger daran interessiert, die Rechtlosen in das öffentliche Leben zu integrieren.

Die meisten neuen Verfassungsgesetze erforderten die Auflösung irgendeines solchen Widerspruchs innerhalb der liberalen Ideologie. Die Liberalen mußten die in ihren universalistischen Prinzipien verkörperten weitreichenden Freiheiten gegen ihr Bedürfnis nach sozialer Ordnung abwägen. Wie 1848 wurden ihre Aktionen von zwei sehr unterschiedlichen Kämpfen geprägt. Der erste Kampf stellte die Vorherrschaft der sogenannten feudalen Klassen in Frage, die aus all den bedrohlichen, partikularistischen, irrationalen Einschränkungen und kleinlichen Hierarchien der alten Ordnung einen Vorteil zogen. Dieser Konflikt hatte 1848 eine wahre Explosion emanzipatorischer Rhetorik ausgelöst, in der die liberale Presse und die Reichsratsabgeordneten auch mehr als zwanzig Jahre später noch schwelgten. In diesem Krieg sprachen die Liberalen sich für eine allgemeine österreichische Nation aus, die verzweifelt versuchte, sich von den von adligen Privilegien und der katholischen Kirche auferlegten Fesseln der Ignoranz und der wirtschaftlichen Rückständigkeit zu befreien.

Der zweite Kampf in diesem Zweifrontenkrieg stellte die Liberalen gegen die aufkeimende Interessenpolitik der organisierten Arbeiterklasse. Mitte des neunzehnten Jahrhunderts wurde dieser Kampf ganz anders als der oben beschriebene offene Krieg gegen die sogenannte feudale Reaktion verstanden. Von 1848 an waren die Liberalen bestrebt, die aus ihren Reihen ausgeschiedenen Arbeiterorganisationen unter Kontrolle zu halten. Sie standen dieser neuen Opposition der Arbeitergruppen in den 1860er Jahren verständnislos und peinlich berührt gegenüber. Sie schrieben diese Opposition oft dem Einfluß der Konservativen oder der katholischen Kirche zu, die die Arbeiter damit verführte, ihnen materiellen Gewinn auf Kosten des Allgemeinwohls zu versprechen. Die Liberalen bedienten sich einer manchmal herablassenden, manchmal disziplinierenden

Rhetorik, um die Arbeiter davon zu überzeugen, sich an die Interessen der Monarchie (wie die Liberalen sie sahen) zu halten. Diese Rhetorik verlangte von den Arbeitern eine Unterwerfung unter die liberale Vormundschaft, bis sie ihre wirtschaftliche Unabhängigkeit erlangt hatten und fähig waren, selbst reife politische Entscheidungen zu treffen.

Der wachsende Antiklerikalismus vieler Liberaler und ihr verbissener Kampf um die Einführung eines weltlichen Schulsystems sind ein Hinweis darauf, daß sie zwischen ihrem Kampf gegen das alte Regime und ihrem Interesse an einer Lösung für die Bedrohungen von unten einen Zusammenhang sahen. Die Popularisierung der empirischen Wissenschaften, besonders von Charles Darwins Evolutionstheorie, unterstützte die Behauptung der Liberalen, die Gesellschaft könne selbst verantwortliche Bürger formen, indem sie sie lehre, das zur erfolgreichen Weiterführung kapitalistischer Beziehungen so notwendige rationelle Verhalten zu verinnerlichen. Nur die Schulen könnten die Schüler von den von der Kirche eingeimpften falschen Werten der Ignoranz, des Aberglaubens und der übertriebenen Pietät befreien. Am wichtigsten war, daß nur die Schulen Studenten jeder ethnischen Herkunft aufnehmen und aus ihnen Bürger machen konnten, die sich durch eine gemeinsame österreichische Identität charakterisierten. Dieses Interesse an Sozialplanung mag scheinbar im Widerpruch zur Betonung der individuellen Leistung stehen. Doch in der liberalen Theorie wurde der Wille des Einzelnen fast immer von der jeweiligen Bildung oder dem Privateigentum des Betroffenen bestimmt. Wie 1848 zeigte das Vorhandensein von Bildung oder Grundbesitz, daß das betreffende Individuum ein aufgeklärtes Wesen war, dem man zutrauen konnte, seine Freiheit richtig zu nutzen. Die Liberalen debattierten vielleicht darüber, wo man die Grenze zwischen den politisch Reifen und den politisch Unreifen ziehen sollte, doch sie bestritten nie die Notwendigkeit, diese Grenze im öffentlichen Leben aufrechtzuerhalten.

Das Bedürfnis nach der Schaffung einer einzigen, sich langsam herausbildenden österreichischen Identität als einem Mittel, um die verschiedenen sozialen, ethnischen und nationalen Gruppen Österreichs harmonisch zu vereinen, wurde noch einmal in den Diskussionen um das Gesetz über die Sprachrechte evident. Die Liberalen von 1867 erweckten das allgemeine Prinzip der Sprachgleichheit, das sie im Kremsierer Verfassungsentwurf von 1849 aufgestellt hatten, wieder zum Leben: „Alle Volksstämme des Staates sind gleichberechtigt, und jeder Volksstamm hat ein unverletzliches Recht auf Wahrung und Pflege seiner Nationalität und Sprache.“ Doch die Männer von 1867, mehr an nationale Auseinandersetzungen gewöhnt, als sie es 1849 gewesen waren, fügten dieser Klausel einige Vorbehalte hinzu. Die deutsch-böhmischen Liberalen verlangten eine ausdrückliche verfassungsrechtliche Garantie, daß kein deutschsprachiger Bewohner der Donaumonarchie jemals dazu gezwungen werden würde, in der Schule die tschechische Sprache zu lernen. Sie fügten eine Klausel hinzu, die besagte: „In den Ländern, in welchen mehrere Volksstämme wohnen, sollen die öffentlichen Unterrichtsanstalten derart eingerichtet sein, daß ohne Anwendung eines Zwanges zur Erlernung einer zweiten Landessprache auch die Volksstämme, welche in der Minderheit sind, die erforderlichen Mittel zur Ausbildung ihrer Sprache erhalten.“[69] Es kann nur als Ironie des Schicksals bezeichnet werden, daß gerade diese Klausel, die die böhmischen Deutschen kurzfristig zufriedenstellte, zwanzig Jahre später ihre Bemühungen, Deutsch zur österreichischen Staatssprache zu erklären, unterminierte und andere Nationalitäten von der absoluten Notwendigkeit, Deutsch zu lernen, befreite.

Hier sehen wir, wieweit sich das Konzept der Nationalität seit den 1848 gängigen deutlichen Formulierungen der Betonung des Deutschtums herauskristallisiert hatte, zumindest für die Böhmen. Nun wurde die Nationalität durch den Sprachgebrauch statt durch kulturelle Werte definiert, und die Sprachpolitik wurde das Schlachtfeld, auf dem der Nationalitätenkonflikt ausgetragen werden sollte. Die meisten deutschen Liberalen glaubten immer noch, daß das neue Gesetz durch die Anerkennung der Sprachrechte der nichtdeutschsprachigen Bevölkerung auf lokaler Ebene auch den nationalen Konflikt beenden würde. Sie sahen ihre Lösung als pluralistisch und gerecht an. Doch andere nationale Gruppierungen protestierten, daß diese Lösung trotz aller Garantien von Gleichheit immer noch einer sprachlich heterogenen Bevölkerung ein weitgehendes Maß von Homogenität auferlegte. Schließlich bliebe Deutsch aus unerfindlichen Gründen immer noch die ausschließliche Sprache des Militärs und der überregionalen Bürokratie. Um der bürokratischen und militärischen Effezienz willen könnten Nichtdeutschsprachige, deren Ambitionen über den lokalen Horizont hinausgingen, einen sozialen Aufstieg nur dann erreichen, wenn sie eine zweite Sprache lernten. Diese Herangehensweise unterschied sich deutlich von der Lösung der Nationalitätenfrage der magyarischen Liberalen. Sie praktizierten eine starke Assimilierungspolitik gegenüber den ethnischen Minderheiten in Ungarn.

Die Liberalen entwarfen mehrere weitere Änderungsanträge zum Februarpatent, um die Grundlage ihres neuen Rechtsstaates zu stärken. In einem dieser Anträge ging es um die Schaffung eines Verwaltungsgerichtshofs und eines Reichsgerichts. Der erstere sollte sich mit Fällen beschäftigen, in denen es um die bürokratische Verletzung individueller Rechte ging, während letzterer Verfahren über allgemeine verfassungsrechtliche Prinzipien abwickeln sollte. Die Schaffung der zwei Gerichtshöfe sicherte die Trennung der juristischen Macht von der Verwaltungsmacht – eine von liberalen Kritikern der Bürokratie lang geforderte Trennung und ein heute in Österreich wieder aktuelles Thema. Nach den Gesetzen, die diese Trennung bestimmten, waren Beamte, Minister und selbst der Kaiser nun dazu verpflichtet, einen Eid zu schwören, daß sie die im Reichsrat repräsentierten grundlegenden konstitutionellen Gesetze der Monarchie verteidigen würden.

Am 21. Dezember 1867 segnete Kaiser Franz Joseph den Ausgleich mit Ungarn und die liberalen Änderungsanträge zum Februarpatent ab, und Österreich trat in eine neue verfassungsrechtliche Ära ein. „Vom heutigen Tag an leben wir erst in einem konstitutionellen Staat", freute sich die *Konstitutionelle Vorstadt-Zeitung* und fügte hinzu: „Die Ruinen des Polizei- und bürokratischen Staates liegen uns zu Füßen." Die *Neue Freie Presse* schrieb: „Wenige Stunden noch und der Kaiser von Österreich wird eine Verfassung sanktioniert haben welche – gestehen wir es nur! – ein voll geschütteltes Ausmaß constitutioneller Freiheiten, so voll, wie wir es wahrlich nicht geträumt."[70] Wie unterschied sich dieser beharrliche, fast prosaische Triumph von der chaotischen, aber atemberaubenden Reihe von Reformen, die fast zwanzig Jahre zuvor im Frühjahr 1848 rasch aufeinander gefolgt waren. Doch alle Beteiligten waren sich wohl der Schwierigkeiten bewußt, die vor ihnen lagen, besonders wenn die neue Ordnung nicht das Schicksal ihrer Vorgängerin von 1848 teilen sollte. Es würde ein außergewöhnliches Maß an Arbeit, Geduld und Mut von allen Seiten erfordern, um das neue System zum Funktionieren zu bringen. Die Österreicher hatten einen liberalen Staat geschaffen, aber nun mußten sie noch ein liberales Volk schaffen, das diesen Staat bevölkern sollte.

DIE BÜRGER REGIEREN (1867–1879)

Ende des Jahres 1867 wurde Österreichs erste parlamentarische Regierung, weithin bekannt als das Bürgerministerium, der Öffentlichkeit vorgestellt. Obwohl es von dem liberalen Adligen Fürst Karl Auersperg angeführt wurde und ihm zwei Grafen angehörten, bestand die Mehrheit der Minister zum ersten Mal aus Liberalen, deren Zugehörigkeit zum Bürgertum der Regierung ihren Beinamen gab. Unter den Mitgliedern waren vier Revolutionsveteranen von 1848. Johann N. Berger, Karl Giskra und Karl Stremayr (letzterer schloß sich erst dem rekonstituierten Kabinett von 1870 an) hatten alle in der *Akademischen Legion* gedient, und Giskra und Stremayr waren linke Mitglieder des Frankfurter Parlaments gewesen. Rudolf Brestel hatte eine entscheidende Rolle im Entwurf der Kremsierer Verfassung gespielt. Die anderen Bürger waren Leopold von Hasner, Eduard Herbst und Ignaz von Plener. Es mag kaum überraschen, daß der Kaiser besonders gezögert hatte, Giskra, der 1849 kurzfristig in Polizeigewahrsam gewesen war, zum Innenminister zu ernennen. Doch es war gerade Giskra, der in der Öffentlichkeit die populären Hoffnungen für diese neue Regierung am besten verkörperte. Die *Konstitutionelle Vorstadt-Zeitung* ernannte ihn zum „Ausdruck des deutsch-österreichischen Liberalismus“.[71] Die Zeitung stellte den Stolz des Gerbersohnes auf seine bescheidene bürgerliche Herkunft nicht in Frage. Trotz des Umgangs mit Exzellenzen und Hoheiten würde er sich seine einfache Art und seine ehrliche Lebenseinstellung bewahren. Die Zeitung behauptete, Giskra habe das Vertrauen des Volkes.

Abb. 16: „Der Ausdruck des deutsch-österreichischen Liberalismus." Der schneidige Gerbersohn (und spätere Innenminister) als Revolutionär. Karl Giskra im Jahr 1848 in der Uniform der *Akademischen Legion.*

Dieses radikale Bürgerministerium regierte gerade zwei Jahre lang, ehe es, erschüttert von Kontroversen und Frustrationen, zerbrach. Seine Errungenschaften wurden auf den meisten Gebieten nicht gerade als überwältigende Erfolge beurteilt. Die Historiker erklärten die kurze Lebensdauer der Regierung mit den persönlichen Rivalitäten, die die Beziehungen zwischen den Ministern beherrschten (auf Auerspergs Motto „Alle für einen, einer für alle" antwortete Berger schnippisch: „Wie sollen wir für einander einstehen, wenn wir einander nicht ausstehen können?"[72]), und mit der Tatsache, daß die Minister die ständige Oppositionsrolle gewohnt und daher unfähig waren, Regierungsverantwortung zu übernehmen. Doch das Problem war weit größer, als diese Erklärungen verraten. Die Verabschiedung einer Verfassung zu einem Zeitpunkt, als der Kaiser politisch verletzbar war, veränderte nicht alleine das Gleichgewicht der Kräfte innerhalb der Monarchie. Die Liberalen mußten sich auch noch gegen konkurrierende soziale Kräfte durchsetzen, um den Rechtsstaat in allen Gebieten des öffentlichen Lebens zu institutionalisieren. In diesem Kampf konnten sie sich auf den Kaiser nicht verlassen. Franz Joseph fühlte sich diesem besonderen verfassungsrechtlichen Experiment nicht mehr verpflichtet als jedem anderen zuvor. Er hatte zwar die neuen Gesetze durch seine Unterschrift rechtskräftig gemacht, aber er regierte weiterhin wie zuvor, suchte oft Rat außerhalb des Ministeriums, verhandelte hinter dem Rücken seiner Minister über die politische Linie und untergrub damit ihre Fähigkeit, effektiv zu handeln.

Die kurze Herrschaft des Bürgerministeriums stellte seit Josef II. den extremsten Versuch einer Regierung dar, der österreichischen Gesellschaft ein neues Gesicht zu geben; das war auch der Grund dafür, warum die erste liberale Regierung zwangsläufig ihre begeisterten Anhänger enttäuschen und ihre Mitglieder überfordern mußte, weil Österreich nicht einfach über Nacht umgewandelt werden konnte. Dies lag sicherlich nicht an einem Mangel an Versuchen: Besonders Herbst und Griska benutzten ihre ministeriellen Positionen, um der Bürokratie liberale Werte einzuimpfen. Bedeutende gesellschaftlich Gruppen widersetzten sich allerdings dem Bürgerministerium und der Verfassung. Unter diesen Gruppen waren der katholische Klerus, große Teile der absolutistischen Bürokratie und der föderalistische Adel, der ein dezentralisiertes Regierungssystem anstrebte. Außerdem boykottierten bürgerliche nationalistische Gruppen wie die Tschechen den Reichsrat. Sie verbündeten sich eine Zeitlang mit dem föderalistischen Adel, lehnten die Verfassung von 1867 als zu zentralistisch ab und sahen im Föderalismus ihre beste Chance für weitere Sprachreformen. Politisch weniger einflußreiche, aber lautstarke Gruppen wie die städtische Arbeiterschaft und der städtische Mittelstand widersetzten sich allmählich ebenfalls verschiedenen Aspekten der neuen liberalen Ordnung.

Die Liberalen verstanden nur zu gut, daß mächtige Kräfte das Überleben ihrer Verfassung bedrohten. Sie stürzten sich kopfüber auf Gebiete wie die Bildungsreform und hofften, sie könnten ihre Unterstützung im Volk stärken, indem sie eine gebildete und politisch fortschrittliche Bürgerschaft schufen – eine Zukunftsgesellschaft, die so aufgeklärt war, daß sie den demagogischen Einfluß der Kirche und des konservativen Adels im Kampf um das Volk verringern konnte. Die Liberalen hatten aber weniger Erfolg bei der Behandlung der Probleme, denen sie in der Gegenwart gegenüberstanden. Sie hatten denkbar schlechte Voraussetzungen für den Umgang mit den wütenden und abblockenden Antworten der Konservativen, da sie ihre eigenen Gesetzesinitiativen unter dem moralischen Aspekt der Errungenschaften für Aufklärung, Fortschritt und Zivilisation behandelten. Diese Haltung verwandelte Politik von einem Prozeß der notwendigen Kompromißfindung in ein manichäisches Schlachtfeld, auf dem die progressiven Kräfte des Lichts gegen die reaktionären Mächte der Dunkelheit kämpften. Die selbstgerechte Rhetorik der Liberalen, die für ihr Überleben in den langen Jahren der Opposition nach 1848 so wichtig gewesen war, hinderte sie nun daran, zielführend mit ihren Gegnern zu verhandeln, um die Durchsetzung ihrer rechtlichen und politischen Reformen zu sichern. Obwohl die Liberalen sich bemühten, besondere Interessen zu wahren, ließen sie in ihrer Rhetorik nie erkennen, daß Politik ein pragmatisches Feld war und ihre Interessen nicht die allgemeinen Interessen des Volkes als Ganzes repräsentierten.

Wenig überraschend stießen die umfassenden religiösen Reformen und die neue Schulpolitik in allen Gesellschaftsschichten auf starken Widerstand. Die Schaffung eines zentral verordneten weltlichen Lehrplans und der Verlust direkter kirchlicher Kontrolle über die religiöse Erziehung verärgerten die Geistlichen, besonders in Tirol und Oberösterreich. Der Papst griff in die Auseinandersetzung ein und verurteilte die Konfessionsgesetze als einen illegalen Bruch des Konkordats. Konservative und Föderalisten in landwirtschaftlichen Regionen widersetzten sich wütend der allgemeinen achtjährigen Schulpflicht für Mädchen und Buben. Sie forderten, daß die Landtage unter Berücksichtigung der Erfordernisse der örtlichen Landwirtschaft über die Schulpflicht entscheiden sollten. In weiten Teilen der Donaumonarchie, wie in Galizien, Dalmatien und besonders in Tirol, verhinderte die bürokratische und kirchliche Opposition die Durchführung der Schulgesetze.

Die neuen Minister schlugen zurück und nahmen sowohl gegenüber ihren bürokratischen Untergebenen als auch gegenüber der Kirche eine unnachgiebige Haltung an, aber es war ein ermüdender Kampf, der wenige Siege brachte. In einer Rede vor Beamten des Innenministeriums am 4. Jänner 1868 bestand Giskra darauf, daß der Geist der Verfassung alle Handlungen der Bürokratie durchdringen müsse. Er riet allen, die dem neuen System nicht mit reinem Gewissen bedingungslose Treue schwören könnten, von ihren Posten zurückzutreten. Einen Monat später ersuchte Justizminister Herbst den Reichsrat um die Erlaubnis für die Regierung, diejenigen Beamten des Justizbereichs mit Sanktionen belegen zu dürfen, die das neue System untergruben. Mehrere Liberale im Reichsrat riefen nach einer Säuberung des Beamtenapparates und verlangten, daß alle Beamten einen Eid auf die Verfassung ablegen sollten. Im September 1868 wies Giskra die Beamten an, jeder kirchlichen Opposition gegen die Konfessionsgesetze mit äußerster Strenge zu begegnen. Selbst mit diesen Bemühungen gelang es nicht, den Widerstand zu unterdrücken, und oft bewirkten solche Maßnahmen sogar das Gegenteil. Im Juli 1869 hob der Kaiser als unübersehbare Geste eine gegen den Linzer Bischof Franz Joseph Rudigier wegen Anstiftung zum Widerstand gegen die Regierung und Ruhestörung verhängte Gefängnisstrafe auf. Der Bischof hatte zur Nichteinhaltung der neuen Gesetze gedrängt und seine Kanzel benutzt, um offen die Regierung zu verurteilen. Obwohl er mit Sicherheit nicht der einzige Geistliche war, der sich so verhielt, beschloß die Regierung ihrerseits, an Rudigier ein Exempel zu statuieren, indem sie einen Prozeß gegen ihn anstrengte. In Rudigiers Verfahren fanden die Geschworenen ihn der öffentlichen Ruhestörung für schuldig und verurteilten ihn zu einer zweiwöchigen Gefängnisstrafe. „Es musste einmal Ernst gezeigt werden darin, daß auch der höhere Geistliche der Staatsgewalt untersteht", erklärte ein Minister. Doch während die Regierung versuchte, eine Grenze zu ziehen, zeigte der Kaiser seine Sympathie für den gesetzesbrecherischen Geistlichen, indem er den Bischof begnadigte. Viele Liberale schlossen aus dieser frustrierenden Episode, „wie wenig S. M. im Herzen mit den [neuen] Gesetzen einverstanden sei, und wie wenig er eigentlich mit seiner jetzigen Regierung sympatisire".[73]

Tatsächlich reflektiert die Vehemenz, mit der die liberalen Abgeordneten und auch die Presse die Kirche angriffen, die wichtige symbolische Bedeutung dieses Konflikts für den Liberalismus mehr als seine praktischen Konsequenzen. Besonders auf lokaler Ebene führte die Kirche einen erbitterten Kampf gegen viele liberale Reformbemühungen. Die Liberalen machten sich zu Recht Sorgen um die Umsetzung ihrer Gesetzgebung. Doch mehrere Historiker haben nachgewiesen, daß das Konkordat selbst nicht jenes obskurantistische mittelalterliche Dokument war, als das es die Liberalen gerne darstellten, sondern ein Beispiel zentralistischer josephinischer Staatspolitik, wie die Liberalen sie oft lobten. Mit Sicherheit verlieh das Konkordat der Kirche nicht jene einzigartige Macht über die Gesellschaft, wie die liberale Presse immer behauptete. Dennoch verkörperte das Konkordat nach und nach all die Prinzipien, gegen die der Liberalismus zu kämpfen vorgab. In den 1860er Jahren bot das Konkordat ein symbolisches Ziel für die Wut und Frustration der Liberalen über den bürokratischen Absolutismus der jüngsten Vergangenheit, da andere potentielle Ziele wie der Kaiser unantastbar waren. Und auch wenn die erbitterte Auseinandersetzung mit der Kirche in den 1870er Jahren etwas nachließ, gibt es trotzdem bis zum heutigen Tag in einigen Gebieten Österreichs eine starke lokale Tradition des Antiklerikalismus.

Während derselben Periode sah sich die Regierung Forderungen seitens der tschechischen Nationalisten in Böhmen und der wachsenden Arbeiterorganisationen in ganz Österreich gegenüber. Massendemonstrationen für die Einführung des allgemeinen Wahlrechts und die Legalisierung der Gewerkschaften wie auch die meisten Treffen der Arbeitervereine erweckten das Mißtrauen des liberalen Regierung, das daraufhin äußerst unliberale Maßnahmen ergriff, um diese scheinbare Bedrohung der öffentlichen Ordnung zu bekämpfen. Sowohl die liberale Presse als auch einige liberale Abgeordnete, unter ihnen mehrere Minister, brachten Bedenken über die Einschränkung der verfassungsmäßigen Rechte der Arbeiter auf Versammlungsfreiheit und Vereinsgründung zum Ausdruck: „Bedenken wir", erinnerte eine Zeitung ihre Leser, „daß heute die Sozialdemokratie, morgen die Demokratie, übermorgen der Liberalismus an die Reihe kommen könnte. Die Sache der Freiheit ist für alle Parteien, die nicht die Reaktion wollen, solidarisch."[74]

Innenminister Giskra sah sich wegen seiner führenden Rolle in der Regierungskampagne gegen die Arbeiter starker öffentlicher Kritik ausgesetzt. Im Mai 1868 hatte Giskra mit an Verachtung grenzendem Sarkasmus zu einer Abordnung von Arbeitern gesprochen: „Glauben Sie nicht, daß wir in Österreich eine Pöbelherrschaft einführen werden ... Deshalb, daß sie als Mensch geboren werden, erhalten Sie noch kein Recht, ein Wahlrecht geltend zu machen, Sie müssen dasselbe erwerben, indem man annimmt, daß Sie Interesse daran finden – dieses Interesse wird durch die direkte Steuer bestimmt."[75] Mehrere Beobachter wiesen auf die Ironie hin, daß ausgerechnet Giskra, der Radikale von 1848 und später von der Polizei Verdächtigte, den Arbeitern gegenüber eine unnachgiebig reaktionäre Position eingenommen hatte. Die meisten Liberalen waren sich aber darin einig, daß die Arbeiter nur dann das Wahlrecht erhalten sollten, wenn sie den Beweis erbracht hatten, daß sie klug damit umgehen würden. Wie in den Wahlrechtsdiskussionen von 1849 nannten sie oft die beiden Elemente Bildung und unabhängigen Grundbesitz als verläßliche Maßstäbe der politischen Reife eines Individuums.

Zur gleichen Zeit brachten andere Liberale in den gesetzgebenden Körperschaften und in der Presse ihre Mißbilligung über den aggressiven Ton und die repressiven Maßnahmen der Regierung zum Ausdruck. Sie fürchteten, daß eine dem Rest der Gesellschaft entfremdete Arbeiterklasse leicht von den radikaleren Theorien des staatlichen Sozialismus verführt werden könnte. Diese Liberalen plädierten für eine aktive Auseinandersetzung mit den Arbeitern und ermutigten die junge Arbeiterbewegung, Selbsthilfeinstitutionen als Mittel zur Erlangung von Bildung, wirtschaftlicher Unabhängigkeit und politischer Reife zu organisieren. Mehrere prominente Liberale unterstützten in Wien, Linz und anderen industriellen Zentren von – und zugunsten von – Arbeitern organisierte Selbsthilfevereine. Viele hielten in Arbeiterbildungsvereinen Vorträge und unterstützten Bibliotheken. Einige, zum Beispiel Max Menger im Jahr 1866, berieten die Arbeiter, wie sie Verbraucherkooperativen und Kreditinstitutionen einrichten könnten. Damit solche Institutionen aber Erfolg haben konnten, mußten die Arbeiter erst die bürgerlichen Tugenden der Sparsamkeit, der Wirtschaftsführung und der Aufklärung lernen. Dies würde letztlich ihren Aufstieg in die unteren Ränge der Mittelklasse erleichtern. Wie ein liberaler österreichischer Befürworter von Selbsthilfe 1866 anmerkte: „Auf den Barrikaden des Jahres 1848 fielen zu Paris Hunderte von Arbeitern und kein einziger hatte ein Sparkassenbüchel."[76]

Diese Haltung verstärkte nur die in der Diskussion über die liberalen Verfassungsgesetze von 1867 enthaltenen Punkte bezüglich der Notwendigkeit eines Gleichgewichts zwischen individuellen Rechten und dem Schutz des Privateigentums. Die Liberalen konnten nicht einer gewichtigen Gruppe von Leuten Macht verleihen, die ihre Werte und Lebensperspektiven nicht teilte. Theoretisch gesehen förderten die Liberalen das Recht des Individuums auf freie Selbstentfaltung, ein Schlüsselelement in der Schaffung einer wirklich pluralistischen Gesellschaft. Doch die Aktionen der Regierung, die die Teilnahme von Arbeitern an der Politik einschränkten, verrieten den Wunsch der Liberalen, die Arbeiter erst nach ihren eigenen bürgerlichen Vorstellungen neu zu schaffen, ehe sie ihnen das volle Recht auf Teilnahme an der Politik der Gemeinschaft gaben. Dieser Glaube, daß Interessenspolitik (auf der Grundlage von Klasse, Religion, Region oder Nation) den Interessen der Gesamtheit schadet, statt sie zu fördern, ist selbst heute noch ein wichtiges Vermächtnis des Liberalismus.

Bis zum Frühjahr 1870 war die liberale Regierung in arge Bedrängnis geraten: von einer mächtigen Opposition zermürbt, von den eigenen Anhängern zu noch extremeren Maßnahmen gedrängt und von einem mißbilligenden Kaiser fast vollkommen im Stich gelassen. Sowohl in Wien als auch in den Landtagen versuchten die Konservativen, Föderalisten, Geistlichen und Nationalisten verschiedene Formen der Obstruktion, um die Verabschiedung der Reformgesetzgebung zu verhindern. 1869 hatten diese Gruppen bereits angedroht, den Reichsrat zu boykottieren und ihn dadurch ohne Quorum zu belassen. Ein solcher Schachzug hätte zweifellos die Regierung gestürzt und vielleicht sogar die Verfassung selbst außer Kraft gesetzt. Die liberalen Minister kämpften mit dem Kaiser um die Lösung dieser Krise, und im Frühjahr 1870 gab das erschöpfte Bürgerministerium schließlich auf, besiegt von einer Mischung aus politischer Isolation und den Machenschaften des Kaisers und seiner Gefolgsleute hinter den Kulissen.

In zwei kurzen Jahren hatten die österreichischen Liberalen eine gesetzliche Grundlage für ein verantwortliches, aktives Konzept einer österreichischen Staatsbürgerschaft geschaffen, ebenso wie für die explizit in den neuen Verfassungsgesetzen aufgezählten Bürgerrechte.

Außerdem verlieh die Schulreform der Liberalen diesem neuen Konzept der Staatsbürgerschaft eine starke institutionelle Unterstützung. Die allgemeine Schulpfllicht würde die österreichische Jugend darauf vorbereiten, als Erwachsene die mit der Staatsbürgerschaft verbundenen Verpflichtungen zu erfüllen. Durch die Vermittlung eines empirischen, rationalistischen und positivistischen Denkens würden die österreichischen Schulen die Kader einer liberalen Massengesellschaft der Zukunft schaffen. Ein Unterricht, der Individuen lehrte, sich aus der Umklammerung der religiösen, lokalen und nationalen Interessen zu lösen, würde den gefährlichen Einfluß dieser Formen von gesellschaftlichen Unterscheidungen verringern und den Bürgern die liberalen, universalistischen Prinzipien der Toleranz nahebringen. Irgendwann könnten die Schulen den Kindern vielleicht sogar eine spezifisch österreichische Identität nahebringen, die völlig frei von den Fesseln des Nationalismus wäre. Eine solche Identität würde all jene nationalen Unterschiede weit hinter sich lassen, die die Liberalen mit Mißtrauen beobachteten.

Die Liberalen glaubten, daß die Unterschiede zwischen den verschiedenen Bevölkerungsgruppen in der Monarchie verringert, wenn nicht ausgelöscht werden mußten, bevor die Verfassung Wurzeln schlagen konnte. Sprachliche, religiöse, ethnische und Klassenunterschiede bereicherten vielleicht auch weiterhin das soziale Leben und konnten in Paraden und Museen zur Schau gestellt werden, würden aber in einer Gesellschaft von Menschen, die dieselbe fundamentale Gesinnung hinsichtlich Fortschritt und Zivilisation teilten, nur mehr oberflächlich sein. Dies erklärt die restriktiven Vereinsgesetze, Giskras harte Behandlung der Arbeiterabordnungen und -demonstrationen im Jahr 1868 und die Durchführung unliberaler Maßnahmen, um die Tschechen in Böhmen zu befrieden. Daß die Liberalen guten Gewissens dagegen argumentieren konnten, ihr eigenes Programm zu seinem logischen Ende zu führen – nämlich einem vollständig demokratischen Wahlrecht – zeigt weniger ihre Scheinheiligkeit als die Spannung zwischen der progressiven Gesellschaftsreform und der Verteidigung der materiellen Interessen, beides Elemente, die den österreichischen Liberalismus seit 1848 charakterisiert hatten.

Für spätere Historiker bedeutete der Rückgriff der Liberalen auf unliberale Maßnahmen gegen ihre eigenen Bürger oft, daß die Stärke des liberalen Bürgertums nach den Maßstäben der 1860er Jahre in Europa schwach war. Der Einsatz genau jener Überwachungsinstitutionen, die die Liberalen nur ein Jahrzehnt zuvor im Absolutismus beklagt hatten, war während dieser Periode in England, Frankreich und Preußen typisch. Welche bürgerliche Gesellschaft im Europa des neunzehnten Jahrhunderts sah sich nicht genötigt, auf unliberale Maßnahmen zurückzugreifen, selbst wenn diese Maßnahmen dem liberalen Glauben an individuelle Freiheit und Pluralismus widersprachen? Die österreichischen Liberalen waren des Namens liberal nicht weniger würdig als ihre damaligen französischen, deutschen oder britischen Kollegen.

Nichtsdestoweniger weist dieser Kampf auf eine wichtige Lektion hin, die aus den Ereignissen von 1848, 1867 und dem Zusammenbruch des Bürgerministeriums abgeleitet werden konnte. Das liberale Bürgertum schaffte es nur in beschränktem Maße, seine gewünschte Staatsform umzusetzen. Genau wie in jedem anderen europäischen Staat, der im neunzehnten Jahrhundert ein konstitutionelles Leben entwickelte, stellte Politik einen umstrittenen, sich ständig ändernden Kompromiß zwischen den um institutionelle Macht konkurrierenden Klassen und Gruppen dar. Aus der Perspektive von 1867 schienen sich die neuen liberalen Institutionen vielleicht zu sehr von den traditionellen zu unterscheiden, um tatsächlich Erfolg zu versprechen. Trotz zahlreicher Versuche im vorigen Jahrhundert war es der Monarchie nie gelungen, vollkommen einheitliche zentralisierte Herrschaftsinstitutionen einzurichten. Dem Versuch der Liberalen, dasselbe zu erreichen, war zunächst nicht mehr Erfolg beschieden. Die breite Mittelklasse hatte tatsächlich Zugang zu den höchsten Ebenen der Macht in Österreich gewonnen, aber sie stand nicht alleine an der Spitze. Andere Gruppen und Institutionen, zum Beispiel der Kaiser, die Armee, die Bürokratie, die Aristokratie und später die Arbeiterklasse schafften es alle, in einem gewissen Maße bis weit ins zwanzigste Jahrhundert hinein ihre eigenen Verhaltensweisen und Regeln zu behaupten und zu erhalten.

So sehr er es auch versuchte, konnte der Kaiser keine politisch tragfähige Alternative zu der von den Liberalen vertretenen zentralistischen Struktur der Monarchie finden. Deshalb brachte er 1871 widerstrebend eine neue liberale Regierung unter Prinz Adolf Auersperg an die Macht. Diese Regierung arbeitete weit pragmatischer als ihr Vorgänger, das Bürgerministerium. Es gelang ihr, das Vertrauen des Kaisers zu gewinnen, und unter dieser Regierung begannen die Kritiker der Verfassung von 1867 widerwillig, sie zu akzeptieren. Als die Liberalen selbst 1879 bei den Wahlen knapp von einer Koalition aus konservativen und slawischen Parteien besiegt wurden, überlebte ihr System sie trotzdem bis zum Zusammenbruch der Donaumonarchie. Mehrere grundlegende Gesetze wurden in die Nachkriegsverfassungen ihrer Nachfolgestaaten Österreich und Tschechoslowakei übernommen. Trotz einiger kurzer Unterbrechungen hatte sich der Rechtsstaat auf Dauer etabliert.

DER LIBERALISMUS SCHLÄGT WURZELN IN DER GESELLSCHAFT: DER AUFSTIEG DER ÖSTERREICHISCHEN POLITISCHEN KULTUR

Die Schaffung eines neuen Staates war nur ein Teil des Vermächtnisses des Liberalismus. Vielleicht noch wichtiger, wenn auch schwieriger genau zu bestimmen, war die Art und Weise, in der liberale Traditionen von 1848 das öffentliche Leben Österreichs im neunzehnten und zwanzigsten Jahrhundert prägten. Wie manche österreichischen Historiker in jüngster Zeit zugestanden haben, hat Österreich eine wichtige, wenn auch lang versteckte Tradition der „Civil Society". Obwohl Parteien, die für bestimmte Blöcke der Gesellschaft sprechen (die Sozialdemokraten für die Arbeiterschaft, die ÖVP für Katholiken, Bauern und Arbeitgeber, die FPÖ für das sogenannte „Big Business"), die politische Landschaft im öffentlichen Leben des zwanzigsten Jahrhunderts in Österreich dominieren und den Eindruck erwecken, das politische und soziale Leben sei stark nach Ständen orientiert, gibt es daneben eine weniger sichtbare Tradition, die nicht mit einer bestimmten Partei oder Interessengruppe verbunden ist. Diese Tradition basiert auf der Idee, daß der einzelne Bürger, einfach als freies Mitglied der Gemeinde, eine Stimme in der Behandlung von deren Belangen haben kann und sollte. Der Aufstieg der unabhängigen Bürgerinitiativen, die wachsende Unterstützung für kleine Splitterparteien und die Forderungen nach mehr Demokratisierung sind alles Symptome dieser Tradition. Die beiden Großparteien der Zweiten Republik, ÖVP und SPÖ, nehmen trotz ihrer gelegentlichen rhetorischen Bemühungen, sich als über besonderen Interessen stehend darzustellen, nicht an dieser antiständischen Tradition teil. Es ist jedoch ein Erbe, das kleinere Parteien, darunter manchmal die FPÖ, in jüngster Zeit zu ihrem Vorteil eingesetzt haben, wo eine weitverbreitete Unzufriedenheit mit dem hochbürokratisierten österreichischen System eine zunehmende Desillusionierung mit den Parteien mit sich bringt, die als für dieses System verantwortlich angesehen werden.

Diese Tradition der lokalen öffentlichen Beteiligung will für die universellen Interessen der Bürgerschaft gegen die Dominanz des Systems durch die organisierten Interessen der Parteien und Bürokratien sprechen. Sie macht sich die Frustration über eine Politik zunutze, die die Interessen einer einzelnen Gruppe gegen die der Allgemeinheit zu schützen scheint (so sehr diese Interessen der Allgemeinheit auch imaginär sind). Die populistische Rhetorik der Universalität gegen die besonderen Interessen der Parteien ist kraftvoll, und doch ist diese scheinbar antipolitische Tradition natürlich in ihrer eigenen Weise hoch politisch. Auch sie ist ein Teil des liberalen Vermächtnisses an das moderne Österreich. Sie wurde von den Bürgervereinen des neunzehnten Jahrhunderts gefördert und nahm um die Jahrhundertwende eine neue Bedeutung an, als die Liberalen ihre universalistische politische Rhetorik in eine deutschnationale verwandelten.

Obwohl ihre späteren Regierungen mehr erreichten und weniger erwarteten, als das Bürgerministerium es getan hatte, verstanden die Liberalen zunehmend, daß politischer Erfolg nicht von oben als Gesetz erlassen werden konnte, sondern sich aus der Gesellschaft selbst herleiten mußte. Nach 1868 suchten sie daher nach einem Mittel, um eine politische Umwandlung von unten zu erreichen. Während die katholische Kirche sich aufmachte, ihre politischen Verluste durch die Macht der Kanzel und die Mobilisierung der Bauern für konservative politische Zwecke im *Katholischen Volksverein* wieder wettzumachen, wandten sich die Liberalen den Vereinen zu, um eine populäre Unterstützung für ihre Politik zu organisieren. Mit ihrer Hinwendung zum Verein verfolgten die Liberalen zunächst nicht das Ziel, das ganze Volk direkt für politische Zwecke zu mobilisieren. Später, wenn die neuen Bildungsreformen Früchte getragen haben würden, wäre noch immer Zeit genug, die Arbeiter und Bauern allmählich in die politische Gesellschaft hineinzuführen. Statt dessen erwarteten die Liberalen, daß ihre angestammte Wählerschaft, die Mittelklasse, sich aktiver an öffentlichen Angelegenheiten beteiligen würde, als sie es bisher getan hatte.

Die Verfassung von 1867 hatte die letzten rechtlichen Schranken zur Gründung von politischen Organisationen niedergerissen. Fast über Nacht wuchsen in jeder Region der Monarchie liberale politische Vereine aus dem Boden. Sie ergänzten das Netz an kulturellen, erzieherischen und philanthropischen Organisationen, die seit dem frühen neunzehnten Jahrhundert das öffentliche Leben des städtischen Bürgertums zunehmend strukturiert hatten. Wie wir in früheren Zeiträumen gesehen haben, hatten die Bürgeraktivisten den Verein schon immer für eine wichtige Einrichtung zur Aufklärung und Reform der Gesellschaft gehalten. Die zentrale Position, die sie der moralischen Reform zugeschrieben hatten, verlieh auch dem erklärtermaßen unpolitischen Verein echtes politisches Potential. Bereits existierende Vereine, die ihre Aufgabe als Unterstützung der Verbreitung fortschrittlicher Ideen begriffen, unterwanderten die Legitimität von Religion und die Achtung vor dem Adel. Es gab zum Beispiel wenig Zweifel über den politischen Inhalt der Ideen, die eine Gruppe wie der *Deutsche Verein zur Verbreitung gemeinnütziger Kenntnisse* in Prag propagierte. Für die Mitglieder dieser Organisation hieß „gemeinnützige Kenntnisse“ zu verbreiten, das Volk mit einer liberalen, wissenschaftlichen, fortschrittlichen und antiklerikalen Kritik an der traditionellen Gesellschaft zu konfrontieren. So wurde ein politisches Ziel in nicht-politische, universalistische Rhetorik gekleidet.

Offiziell für kulturelle Aktivitäten organisierte Vereine beteiligten sich sowohl explizit in ihren Diskussionskreisen und Vortragsreihen als auch implizit durch den wiederholten Gebrauch von Symbolen und Ritualen, die die Unabhängigkeit der Organisationen vom bürokratischen Staat betonten, an halb-politischen Aktivitäten. Von diesen Gruppen organisierte öffentliche Festlichkeiten konnten manchmal politische Untertöne annehmen. Sie stellten ein öffentliches Forum für die Formulierung von gesellschaftlichen Werten dar, die oft im Gegensatz zu den von der Regierung und der Kirche propagierten standen. Gesangs-, Sport- und historische Vereine trugen dazu bei, die Legitimität des vom Mittelstand propagiertenWeltbildes in der Öffentlichkeit bekanntzumachen und zu stärken. Die wachsende Kommunikation und der Ausbau der Eisenbahnnetze um die Mitte des Jahrhunderts trugen zur gegenseitigen Durchdringung dieser gemeinsamen Werte und politischen Identitäten in verschiedenen geographischen Regionen bei.

Welche Rolle kam angesichts dieses impliziten politischen Charakters der kulturellen, erzieherischen und philanthropischen Vereine den ausschließlich politischen Klubs zu? Die Legalisierung der politischen Vereine im Jahr 1867 gab dem engagierten Bürgertum die Gelegenheit, ihren politischen Ambitionen nachzugehen. Doch besonders außerhalb der Großstädte bedienten sich die liberalen Aktivisten im allgemeinen nicht der Rhetorik der Interessenspolitik. Sie sahen den politischen Klub nicht als ein Mittel zur Erreichung von parteilichen Zielen. Statt dessen versuchten die örtlichen Liberalen, den moralischen und humanitären Diskurs des unpolitischen Vereinslebens auf den bisher verbotenen Schauplatz der Politik zu übertragen. Dieser Rhetorik zufolge dienten die liberalen politischen Klubs, wie andere Arten von Vereinen, der Besserung der gesamten Gemeinschaft und nicht nur dazu, um die Interessen einer Gruppe, einer Fraktion oder einer Partei voranzutreiben. Dies meinte zum Beispiel der *Konstitutionelle Verein* aus Laibach, wenn er behauptete, daß „ja nur bei einer liberalen Communalvertretung … unparteiische Ausübung der Communalrechte möglich“ sei und seine Gemeindevertreter als objektive, unparteiische Stadträte lobte, die für die Sache des Fortschritts arbeiteten.[77] In dieser Hinsicht setzten die liberalen Klubs in den Jahren zwischen 1867 und 1880 die politische Tradition von 1848 fort, die für das Allgemeinwohl anstatt für besondere Interessen kämpfte – obwohl deutlich ist, daß diese Idee des Allgemeinwohls für ziemlich genau definierte Einzelinteressen stand, sobald sie in die Praxis umgesetzt wurde. Wir können auch sehen, daß wie 1848 der Sinn der politischen Klubs weniger darin lag, Kader für die liberale Partei zu trainieren, als die Art von Programmen zu verbreiten, die eine liberale Gesellschaft aufzubauen helfen würden.

Die meisten neuen liberalen politischen Klubs rekrutierten ihre Mitglieder aus den existierenden örtlichen Vereinen. In den ländlicheren Gebieten kamen die Initiativen zur Gründung liberaler politischer Klubs von kleinen Geschäftsinhabern, Gastwirten und Postamtsvorstehern. In Städten mit einer stärkeren Tradition des organisierten politischen Aktivismus wie Wien oder Graz erwachten die internen Kontroversen, die die Liberalen und Demokraten 1848/1849 gespalten hatten, über Nacht wieder zum Leben. In Wien konnten sich einige Bezirke drei oder vier rivalisierender liberaler oder demokratischer Klubs rühmen. Ihre Existenz reflektierte die weit auseinanderklaffenden wirtschaftlichen und sozialen Probleme innerhalb einer heterogeneren Mittelklasse. In Wien schlossen sich wohlhabendere Bürger den liberalen oder sogenannten Bürgervereinen an, während Handwerker, Lehrer und Teile der Akademiker die Tradition der demokratischen Klubs wiederaufleben ließen. Dennoch waren die Unterschiede in den Programmen und in der sozialen Zusammensetzung zwischen den liberalen und demokratischen Klubs im neunzehnten Jahrhundert nicht so groß, daß sie sich als zwei fundamental unterschiedliche politische Phänomene interpretieren ließen.

Jeder liberale Verein behauptete, daß die starke Verwurzelung der Verfassung von 1867 in der österreichischen Gesellschaft zu weiterem materiellen Fortschritt und zu geistiger Aufklärung führen würde. Die Liberalen in Linz zum Beispiel erklärten „die Aufrechterhaltung und Weiterentwicklung der verfassungsmäßigen Freiheiten" und „die Förderung des geistigen und materiellen Fortschritts" zu ihren Zielen.[78] Viele Klubs definierten den Schutz der neuen Verfassung als ihre vorrangige Funktion, wobei zum Beispiel die Wiener Demokraten weitere Reformen forderten. Wie 1848 sahen viele Vereine ihre wichtigste Aufgabe darin, ihre Mitbürger über die Vorzüge des liberalen Konstitutionalismus aufzuklären.

Da Bildung traditionell das von der Mittelklasse bevorzugte Mittel war, um das Los der vom Schicksal weniger Begünstigten dadurch zu verbessern, daß sie ihnen ein Instrument zur Selbsthilfe gaben, spielten Bildungsprojekte bei den Aktivitäten der liberalen Vereine eine besondere Rolle. Alle liberalen politischen Klubs hielten Vortrags- oder Diskussionsreihen ab, und manche gaben sogar Pamphlete zur weiteren Verbreitung ihrer Ideen heraus. Die Palette der Themen ging von Tagesereignissen (besonders antiklerikale Fragen der frühen 1870er Jahre) über lokale Geschichte bis hin zu populärer Wissenschaft. Charles Darwin und seine Theorien scheinen ein besonders beliebtes Diskussionsthema gewesen zu sein: Ein Vortragender nannte sie „eine schneidige, unfehlbar treffende Waffe im Kampfe für Freiheit und Fortschritt".[79] Viele politische Klubs sammelten auch Geld für öffentliche Schulen und aus privater Hand finanzierte Handelsschulen. Sie subventionierten oft Lehrergehälter und boten begabten Studenten Stipendien an. Einige Klubs finanzierten eine Volksbibliothek, oft ein im Rathaus eingerichteter Leseraum, und einige veröffentlichten Zeitungen oder Volkskalender für die Landbevölkerung.

In einem Artikel in einem Kärntner Volkskalender ermahnte der liberale Reichsratsabgeordnete, Adolf Promber, seine Leser: „Man errichte Volksbibliotheken."[80] Promber drängte insbesondere die Bauern dazu, ihre Bildung nach dem Verlassen der Volksschule fortzusetzen, und er merkte an, daß die langen Wintermonate reichlich Gelegenheit zum Lesen böten. Und da Bauern wahrscheinlich keine Bücher kaufen würden, war die einfachste Lösung eine Volksbibliothek. In der Tat glaubten viele Liberale, daß die Bibliotheken und Leseräume auf der Ebene der Erwachsenenbildung als ein Äquivalent zu den kürzlich verabschiedeten liberalen Schulgesetzen fungieren würden. „Die sicherste Grundlage jeder freiheitlichen Staatsverfassung ist aber eine gesunde praktische Volksbildung, und die erste wichtigste Aufgabe des Liberalismus besteht darin, durch die Förderung des Unterrichts ... die wahre Wohlfahrt des Staates zu begründen."[81] Volksbibliotheken in Städten mit einer größeren deutschsprachigen Bevölkerung in ethnisch gemischten Gebieten nahmen in den wachsenden nationalistischen Konflikten der 1880er Jahre rasch an Bedeutung zu. Als sichtbare Symbole und auch Instrumente der dortigen deutschen Kultur erhielten sie oft tatkräftige Unterstützung von den Stadtregierungen.

Die Frage, welche Art von Büchern die Volksbibliotheken enthalten sollten, führte zu heftigen Diskussion. Promber glaubte, man sollte Bücher über möglichst viele Themen anbieten, um dadurch das Interesse der ländlichen Leser aufrechtzuerhalten. Andererseits räumte er ein: „Der Landmann ist kein Bücherwurm; wird ihm zu viel geboten, könnte er vor der Masse zurückschrecken, und glauben, man muthe ihn mit Gewalt zu ein Stubenhocker und Gelehrter zu werden." Die Bücher sollten also volkstümlich im Ton und nicht zu intellektuell sein; sonst würde der Bauer sie „mit Ärger und Verdruß zur Seite legen". Neben amüsanteren Büchern, die das den Bauern vertrautere ländliche Leben darstellten, empfahl Promber volkstümlich geschriebene Bücher zur Landwirtschaft, Wissenschaft und Geographie. Österreichische Geschichte war entscheidend wegen des Vorbilds berühmter Männer und nützlich, um ein Gefühl des Patriotismus und der Bedeutung harter Arbeit angesichts von Widrigkeiten zu erwecken: „Neben einer Geschichte Österreichs sollte niemals fehlen eine Biografie des unvergesslichen Kaisers Josef II. Außerdem gehören in dieser Kategorie nebst anderen … Kaiserin Maria Theresia … Prinz Eugenius … George Washington u. s. w."[82]

Während der Wahlkampagnen zu Gemeinderats-, Landtags- und – nach 1873 – Reichsratswahlen übernahmen die liberalen politischen Klubs am deutlichsten eine politische Funktion. Jedes liberale Vereinsprogramm hielt die Nominierung und Unterstützung von Wahlkandidaten der liberalen Parteien für einen wichtigen Beitrag zur Erreichung seiner Ziele. Dementsprechend übernahmen die liberalen Klubs die Leitung der politischen Kampagnen von den provisorischen Ad-hoc-Komitees, die sie vor 1867 organisiert hatten. Dieser Wandel beinhaltete allerdings keine nennenswerte Machtverschiebung, denn die Männer, die ursprünglich in den 1860er Jahren die lokalen politischen Kampagnen angeführt hatten, gehörten im allgemeinen zur selben Kerngruppe von Aktivisten, die später die politischen Klubs gegründet hatten.

Wie das Vereinsleben trug der Wahlprozeß dazu bei, die existierenden Muster von bürgerlicher Vorherrschaft auf der lokalen Ebene zu festigen und zu verstärken. Besonders in den früheren Jahren entschieden die führenden Bürger, die durch Leistungen im Verein gesellschaftlichen Status erlangt hatten, untereinander, wen sie wählen wollten. Wie die Klubaktivisten waren auch die liberalen Wahlorganisationen in den 1870er Jahren vor allem bestrebt, die Wahlbeteiligung im städtischen und ländlichen Bürgertum zu steigern. Die Liberalen wollten weder der katholischen, konservativen oder slawischen Opposition die Wähler abwerben, noch versuchten sie, die neuen städtischen sozialen Gruppen für ihre Zwecke zu mobilisieren. Diese Tendenz unterschied die liberalen Klubaktivitäten der 1860er und 1870er Jahre von den bewußten Massenmobilisierungsbemühungen, die sie später in den 1880er Jahren entwickelten. Progressive Liberale wie Max Menger oder die Herausgeber einiger relativ demokratischer Wiener Zeitungen riefen gelegentlich nach einer Erweiterung des Wahlrechts oder der Schaffung einer Arbeiterkurie, um neue Wähler zu kooptieren und dem Liberalismus frisches Blut zuzuführen. Doch die meisten Liberalen in den Jahren zwischen 1867 und 1880 konzentrierten sich auf die zunehmend fallende Wahlbeteiligung in der städtischen Mittelklasse. Als sie 1879 ihre Reichsratsmehrheit verloren, begriffen die Parteiaktivisten aber endlich das enorme politische Potential der Klubs zur Mobilisierung einer neuen Wählerschaft.

Die Frage der Mobilisierung neuer Wähler wäre nie wichtig geworden, wenn die Popularität der Liberalen im Laufe der 1870er Jahre nicht drastisch abgenommen hätte, bis sie schließlich die Parlamentswahlen von 1879 verloren. In den frühen 1870er Jahren hatte der Liberalismus für die unterschiedlichen besitzenden Klassen Österreichs noch grenzenlosen Fortschritt bedeutet. Am Ende des Jahrzehnts kämpfte die liberale Bewegung jedoch mit dem zunehmenden Ruf des prinzipienlosen Opportunismus. Der spektakuläre Zusammenbruch der Wiener Börse vom 9. Mai 1873 schadete dem Ruf der Liberalen. Die auf den Börsenkrach folgende wirtschaftliche Depression und psychologische Desillusionierung fügten dem Vertrauen der Bevölkerung in die Wirksamkeit liberaler Prinzipien großen Schaden zu. Dies traf für das wohlhabendere städtische und ländliche Bürgertum ebenso zu wie für die Handwerker und kleineren Unternehmer. Der Börsenkrach stellte den bis dahin im wesentlich unbestrittenen Glauben in Frage, daß ein kapitalistisches System

Abb. 17: Ein liberales österreichisches Pantheon. Tragische junge Revolutionäre in den 1870er Jahren, wiedergeboren als zufriedene Opportunisten. (Rechts außen stehend Brestel; links außen sitzend Giskra; in der Mitte Stremayr. Außerdem anwesend Ignaz von Plener und Eduard Herbst).

des freien Marktes der gesamten Gesellschaft Wachstum und Wohlstand bringen würde. Die Depression brachte auch einen Aufschrei der Entrüstung gegen die liberalen Parteien mit sich, als einige der skandalöseren Details im Umfeld des Börsenkrachs allmählich ans Tageslicht kamen. Wie es schien, hatten einige Abgeordnete der Liberalen Partei gegen eine finanzielle Entschädigung ihre Namen für die Aufsichtsräte verdächtiger Gründergesellschaften zur Verfügung gestellt. Einige Opportunisten wie Karl Griska, dessen Ruf als Held von 1848 nun befleckt war, waren Mitglieder von vier oder fünf solcher Aufsichtsräte geworden. Nach dem Börsenkrach führte diese Praxis zum Vorwurf der Korruption und der zwielichtigen finanziellen Praktiken in den höchsten liberalen Kreisen. Die Liberalen im Reichsrat wurden zunehmend als eine elitäre Minderheit von Opportunisten dargestellt, die von den Leiden des Volkes lebten – Männer, die die Interessen der gesamten Gemeinschaft nicht mehr verstehen und noch weniger vertreten konnten. Es war deshalb keine große Überraschung, daß die liberalen Parteien 1879 eine Niederlage bei den Wahlen erlitten. Obwohl die Liberalen weiterhin die größte Gruppierung im Reichsrat blieben, bildete eine Koalition aus konservativen, klerikalen und slawisch-nationalen Parteien unter Graf Eduard Taaffe nun die als der „Eiserne Ring" bekannte Regierungskoalition, die den Liberalismus die nächsten dreizehn Jahre lang in Schach hielt.

ZURÜCK AUF DIE BARRIKADEN: DIE NATIONALISTISCHEN VEREINE

Die 1880er Jahre brachten den Beginn einer neuen Art von Bürgerrevolution, als die Liberalen sich bemühten, ihre Bewegung angesichts der politischen Niederlage und der slawisch-nationalistischen Herausforderung auf der lokalen Ebene wiederzubeleben. Obwohl die deutschen liberalen Parteien im Reichsrat wenige neue Initiativen einbrachten, entwickelten die lokalen Aktivisten kreative Strategien, die dem Liberalismus letztendlich ein neues Gesicht gaben und mehr Bürger denn je für seine Sache mobilisierten. Sie taten dies im wesentlichen, indem sie ihre liberale Ideologie unter dem Gesichtspunkt des deutschen Nationalismus neu definierten und eine nationalistisch geprägte Form von Interessenpolitik in das Gewand des liberalen Universalismus kleideten. Während die großen liberalen Parteien auf der nationalen Ebene zersplitterten und sich auf der Grundlage spezifischer Einzelinteressen in mehreren regionalen Parteien zusammenschlossen, wurden sie von den nationalistischen Vereinen als den Bewahrern der liberalen Tradition ersetzt.

Schon in den frühen 1880er Jahren hatten liberale politische Klubs in ganz Österreich begonnen, sich als Deutschnationale neu zu definieren und eine neue Aufgabe zu artikulieren, die sich auf den Schutz deutschnationaler Interessen konzentrierte. Die Liberalen glaubten nicht ohne Grund, daß die Regierung des Eisernen Rings unter Graf Eduard Taaffe die nationalistischen Forderungen der Tschechen und Slowenen unterstützte, aber die deutschnationalen Interessen ignorierte. Es sei hier vielleicht an die Art und Weise erinnert, in der 1848 deutschnationale Identität mit liberalem Humanismus gleichgesetzt wurde. Nun wurde die nationale Identität spezifisch mit dem Sprachgebrauch verbunden, da die Sprachgesetzgebung zum vorrangigen Schlachtfeld geworden war, auf dem die slawischen Parteien darum kämpften, ihre Position im Vergleich zur deutschsprachigen Bevölkerung in der Donaumonarchie zu verbessern.

Im Jahr 1880 wurde eine neue Art von Verein geboren, als sich mehrere fortschrittliche deutschnationale Aktivisten in Wien trafen, um den *Deutschen Schulverein* zu gründen. Obwohl der *Schulverein* die typischen Vertreter der liberalen politischen Klubs vereinte, stellte er einen gänzlich neuen Organisationstyp dar, der das revolutionäre Potential dazu hatte, weit mehr Menschen zu mobilisieren. Der Zweck des *Schulvereins* war, Geld zu sammeln, um deutschsprachige Schulen in jenen Regionen zu unterstützen, wo es zu wenig deutschsprachige Schüler gab, um eine staatliche Unterstützung zu rechtfertigen. Der Verein hatte zum Ziel, die schwache Position der Deutschen zu stärken, die an der sogenannten Sprachgrenze lebten, wo die deutschsprachigen Teile der Bevölkerung – wie man glaubte tragischerweise – von den sie umgebenden slawischen Gruppen assimiliert werden würden. Dem Modell mehrerer erfolgreicher tschechischer nationalistischer Vereine folgend, rief der *Schulverein* Deutsche aller Klassen und Parteien dazu auf, Geld und Energie beizusteuern, um ihre tapferen Brüder und Schwestern auf den Sprachinseln und im Grenzland zu retten, wo die deutsche Kultur von der neuerdings aggressiven slawischen Politik unterdrückt werde.

Der *Schulverein* nannte sich selbst einen unpolitischen Verein. Dies befreite ihn von den starken Beschränkungen, die politischen Vereinen auferlegt waren, und ermöglichte es ihm, bis 1885 die Energien von fast 10.000 Bürgerinnen (10% seiner gesamten Mitgliedschaft) zu mobilisieren. „Fragen der Freiheit kämpfen Männer allein aus; sie liegen dem Weibe fern", behauptete eine Veröffentlichung des *Schulvereins*. „Wenn aber der Gegner die höchsten nationalen Güter bedroht, wenn er das heilige Vermächtnis der Ahnen, die Muttersprache … antastet … dann ist auch das Mutterherz betroffen."[83] Die *Deutsche Zeitung* fragte: „Muß euer Herz nicht in Wehmut erzittern, wenn eure Kinder Schulbücher haben, die ihr nicht versteht? … Niemandem sollte dieser Verein so sehr am Herzen liegen als den deutschen

Frauen – Müttern!"[84] Der Vereinsideologie zufolge stand die Sache der Nation bei Deutschen jeglicher Klasse, Partei, Herkunft und Religion über den Differenzen der bloßen Politik. Wenn die neue nationalistische Ideologie erkennbar liberal klang, so lag das daran, daß ihre Schöpfer aus einer liberalen Welt gekommen waren. Sie übernahmen das traditionelle liberale Weltbild, daß Politik die Interessen der ganzen Gemeinschaft für das Allgemeinwohl vereinige und erklärten, daß der gemeinsame nationale Zweck alle kleinlichen sozialen Unterschiede überwinden müsse. „Die deutsch-nationale Volksbewegung bezweckt also den engsten Zusammenschluss aller Volksgenossen zur gemeinsamen Abwehr; ... Ihr ist die Aufteilung der Gesammtinteressen in die Einzelinteressen der Bauern und Gewerbsleute fremd; sie verabscheut politische Vereinigungen zur Erfindung und Verschärfung von Gegensätzen zwischen Stadt und Land. Wir Deutschen Österreichs wollen unseres Volkes ... gemeinsame Wohlfahrt; jeder Stammesgenosse, ob im Priester- oder Beamtenrocke, ob im Bürger- oder Bauernkleide oder Arbeiterkittel, ist bei unserer nationalen Einigung willkommen."[85]

Es gelang dem *Schulverein* von Anfang an, zahlreiche Unterstützung zu finden. In nur fünf Jahren zog er fast 110.000 Mitglieder aus fast jeder Region der Donaumonarchie an, was ihn zum größten bürgerlichen Verein in Österreich oder im Deutschen Reich machte. Dem *Schulverein* folgten bald ähnliche regionale Organisationen, die sich alle darum bemühten, die wirtschaftliche und soziale Position der Deutschen auf lokaler Ebene zu verbessern, und die alle trotz ihres regionalen Fokus finanzielle Unterstützung von der deutschsprachigen Bevölkerung aus dem gesamten Reich erhielten. Der *Böhmerwaldbund* in Südböhmen und die *Südmark* in der Steiermark und in Kärnten setzten die nationalistische Position des *Schulvereins* ein, um die Wirtschaft und die demographische Zusammensetzung ganzer Regionen zu beeinflussen. Sie versuchten, die deutsche Auswanderung zu verhindern, indem sie die landwirtschaftliche Produktivität erhöhten, Kreditinstitutionen gründeten, Arbeitsplätze für deutschsprachige Gesellen schufen und den Fremdenverkehr förderten. Der *Böhmerwaldbund* versuchte auch deutschsprachige Frauen als Haushaltshilfen unterzubringen, und Aktivisten warnten deutsche Mütter, die Ammen suchten, daß das Kind „mit der Milch einer čechischen Amme auch deren Sprache aufnehmen" würde.[86] Die *Südmark* versuchte sogar, Einwanderer aus den überbevölkerten Gebieten Süddeutschlands zu requirieren, um neue Siedlungen zu schaffen, die die deutschen Sprachinseln in der Südsteiermark vielleicht dichter werden ließen. Auf der Höhe seiner Popularität hatte der *Böhmerwaldbund* stolze 24.000 Mitglieder, während die *Südmark* immerhin 15.000 zählte. Eine Reihe anderer Organisationen folgte ihrem Beispiel, unter ihnen der *Tiroler Volksbund*, der *Bund der Deutschen Nordmährens*, der *Bund der Deutschen in Böhmen*, der *Bund der Deutschen Ostböhmens* und die *Nordmark* in Schlesien.

Aber sahen sich die meisten deutschsprachigen Bevölkerungsgruppen in den 1880er Jahren überhaupt selbst als Deutsche? Hatten alle Deutschen im Reich wirklich dieselben Interessen? Im Jahr 1885 wäre die Antwort auf diese beiden Fragen ein überwältigendes „Nein" gewesen. Die meisten Österreicher waren ländlicher Herkunft, und wie 1848 war der Begriff der nationalen Identität ein im wesentlichen städtisches Phänomen, das für den durchschnittlichen Bauern wenig Sinn hatte. Daher bestand die etwas paradoxe Aufgabe der Schutzvereine hauptsächlich darin, bei sogenannten Deutschen, die einfach nicht wußten, daß sie Deutsche waren, ein Gefühl der nationalen Identität zu wecken. Sie mußten erst lernen, daß sie Deutsche waren und daß ihnen dies tatsächlich ein vorrangiges gemeinsames Interesse verlieh. Bei dieser Aufgabe folgten die nationalistischen Vereine den Grundsätzen der früheren Liberalen. Sie konzentrierten ihre ganze Energie auf die Erziehung der breiten Masse; Bibliotheken, Volkskalender und wirtschaftliche Initiativen wurden eingesetzt, um die ländliche oder kleinstädtische deutschsprachige Bevölkerung in ihrer deutschen Identität zu sozialisieren.

Was aber gab es über die deutsche Identität zu lernen? Woraus bestand das Deutschtum? Hier konnten Aktivisten wiederum ihren liberalen Hintergrund nicht verleugnen, denn eine Auswahl ihrer Veröffentlichungen zeigt, daß deutsch zu sein vor allem bedeutete, sich an bürgerliche Verhaltensmuster zu halten. Manche Artikel verknüpften deutsches mit aufgeklärt-kapitalistischem Verhalten und stellten den gutangelegten deutschen Modellbauernhof seinem weniger ordentlichen slawischen Pendant gegenüber. Beiträge mit Ratschlägen wie einer, der den Titel „Nützliches fürs Haus" trug, schlugen eine Verbindung zwischen deutscher Identität und durch aufgeklärt kapitalistisches Verhalten erreichtem Fortschritt. Die in den 1880er Jahren veröffentlichten „Zehn Gebote des deutschen Bauern" betonten, daß Werte wie Selbsthilfe, Unabhängigkeit, Bildung und kapitalistische Tugend den deutschen Bauern von seinem slawischen Kollegen unterschieden. Ein anderer Beitrag mit dem Titel „Goldene Regeln für Geschäftsleute" gab Informationen über Techniken zur Führung von Kleinbetrieben und betonte die Wichtigkeit von Pünktlichkeit, korrektem Benehmen und Sparsamkeit.[87]

Die enorme Ausbreitung dieser Vereine und besonders die erfolgreiche Mobilisierung der bürgerlichen Frauen für die Sache des Nationalliberalismus gingen nicht ohne Konflikt vonstatten. Die Nationalisten konnten sich wie die Liberalen vor ihnen darauf einigen, daß ihre Gemeinschaft durch die Verfolgung eines gemeinsamen Interesses – des Schutzes und der Stärkung der deutschen Kultur in der Donaumonarchie – geeint war. Dieses gemeinsame Interesse wurde aber sehr unterschiedlich interpretiert. Als die Liberalen 1848 über das Ausmaß diskutiert hatten, in dem das politische System demokratisiert werden sollte, hatten sie sich darauf geeinigt, daß nicht alle das Wahlrecht erhalten sollten; die Frage war damals gewesen, wo und wie man die Grenze zwischen den aktiven Bürgern und der passiven Bevölkerung ziehen sollte. Die Nationalisten in den Schutzvereinen wurden vierzig Jahre später vor ein vergleichbares Problem gestellt: Wer genau sollte sich des Privilegs der Mitgliedschaft in der deutschnationalen Gemeinschaft erfreuen? Konnte jeder ein Deutscher sein?

Das Problem enthielt mehr als eine einfache Frage der Definition. Verschiedene soziale und politische Gruppen unterstützten unterschiedliche Definitionen des Deutschtums. Alle waren sich über die universelle Bedeutung der deutschen Identität einig, doch die potentiellen sozialen und politischen Konflikte untereinander kamen zunehmend in Debatten über die Definition nationaler Identität an die Oberfläche. Die meisten frühen Deutschnationalen setzten Deutschtum weiterhin mit liberalen kulturellen Werten gleich, und diese Einstellung wies den wohlhabendsten und gebildetsten Mitgliedern der Gesellschaft automatisch die einflußreichsten Machtpositionen innerhalb der nationalen Gemeinschaft zu. So kontrollierte dieselbe Gruppe von Leuten, die das liberale Vereinsleben dominiert hatte, weiterhin das nationale Organisationsleben. Einige lokale Gruppen, besonders Gruppen von mittleren und kleineren Gewerbetreibenden, die unter der Vorherrschaft des tonangebenden Bürgertums in der liberalen Bewegung gelitten hatten, rebellierten und postulierten eine stärker egalitäre, populistische Version des Deutschtums. Sie waren der Meinung, daß nicht Bildung oder Wohlstand, sondern die ethnische oder sogar rassische Identität das Deutschtum kennzeichne. Obwohl diese Populisten der These zustimmten, daß die Deutschen an ihren überlegenen kulturellen Leistungen erkannt werden könnten, bestanden sie darauf, daß diese Leistungen zwar das Deutschtum reflektierten, aber nicht alleine ausmachten.

In den 1880er Jahren fochten die antisemitischen, populistischen Deutschnationalen unter der Führung von Georg Ritter von Schönerer das Recht der liberalen Eliten an, die nationalistische Bewegung anzuführen. Insbesondere argumentierten sie im Fall des *Schulvereins* gegen die finanzielle Unterstützung jüdischer deutscher Schulen und gegen die Aufnahme jüdischer deutscher Mitglieder. Auf einer Tagung des *Schulvereins* 1885 in Teplitz brachten mehrere Ortsgruppen Anträge ein, jüdischen Schulen die Finanzierung zu versagen, da „die Juden keine Deutschen sind“. Der Vorstand des *Schulvereins* lehnte eine solche Idee unmißverständlich ab und wies darauf hin, daß die Organisation viele jüdische Gönner habe, und daß die jüdischen Gemeindeschulen oft ein Bollwerk deutscher Kultur gegen die slawische Gemeinschaft darstellten. Ein Mitglied aus Böhmen rief wütend, falls „Rasse“ das Maß des Deutschtums wäre, „dann hätten wir keinen Krepek und die Tschechen keinen Rieger, und glauben Sie, daß Ihre Abstammung eine germanische ist, nachdem der 30jährige Krieg über die Gefilde Deutschlands dahingebraust ist, nachdem die französische Invasion in Deutschlands Gebiete gedrungen ist? Ihre Abstammung ist nicht mehr germanisch … Deshalb glaube ich, daß die Gesinnung es ist, welche die Nationalität bestimmt.“ Er fuhr fort und argumentierte darüber hinaus, daß in „den heutigen schweren Zeiten für die Deutschen Alles in geschlossenen Reihen marschieren muß, und daß nicht ein Mann fehlen darf".[88]

Es gelang den Proponenten der antisemitischen Strömung nicht, den *Schulverein* zu übernehmen, und die Schutzvereine wurden weiterhin von gesellschaftlich offenen, wenn auch kulturell elitären Nationalliberalen angeführt. Nur einige wenige Organisationen, zum Beispiel die *Südmark*, nahmen tatsächlich eine offen antisemitische Haltung zur Definition des Deutschtums in ihre Statuten auf – der sogenannte Arierparagraph –, doch alle Organisationen tolerierten mit der Zeit diese Antisemiten als Partner in der nationalistischen Bewegung. Was dennoch aus diesem Vorfall im *Schulverein* klar werden sollte, ist die Instabilität der nationalen Identität. Genauso wie der Liberalismus sich 1848 vor allem durch die Opposition zu den alten privilegierten Klassen und der Arbeiterklasse definiert hatte, hatten die Deutschnationalen nun den größten Erfolg, wenn sie die von anderen nationalen Gruppen gegen sie unternommenen Angriffe zurückschlugen. So stieg die Mitgliedschaft in den Schutzvereinen immer nach Ereignissen, die als anti-deutsch dargestellt werden konnten, sprunghaft an, ging aber in Zeiten des nationalen Friedens gewöhnlich zurück. Vielleicht aus diesem Grunde förderten die Aktivisten um die Jahrhundertwende immer aggressivere öffentliche Demonstrationen, die slawische oder italienische Attacken provozierten, die wiederum zur Rechtfertigung weiterer nationalistischer Aktivitäten dienten.

Bis zum Jahr 1914 konzentrierte sich der deutschnationale Aktivismus weniger darauf, jene deutschsprachigen Gruppen der Bevölkerung aufzuklären, die sich ihrer nationalen Identität angeblich nicht bewußt waren, sondern eher darauf, auf die Unterschiede aufmerksam zu machen, die die Deutschen von den anderen Nationen in der Donaumonarchie abhoben. Hatten sie die nationalen Unterschiede vorher unter dem sozialen Aspekt betrachtet, sprachen sie nun zunehmend von einer biologischen Trennung. Die in den 1880er Jahren veröffentlichten „Zehn Gebote des deutschen Bauern" wurden nun 1898 als die „Zehn Gebote des deutschen Volkes" überarbeitet. Während erstere Selbsthilfe, Unabhängigkeit und kapitalistische Tugend betont hatten, warnten letztere: „Du sollst dich, dein Haus, deine Sippe rein halten vor Fremdlingen und keine Gemeinbürgschaften pflegen mit ihnen", oder: „Du sollst keine fremdländischen Sitten und Gebräuche nachahmen, weder in Schrift, noch in Sprache, noch in Thaten", und befahlen: „Du sollst stolz sein auf deine deutsche Abkunft."[89]

Mit ihrem wachsenden Beharren auf den Vorzügen der kulturellen und physischen Trennung nahm die nationalistische Rhetorik hinsichtlich der Tschechen leider zunehmend Anleihen beim antisemitischen rassistischen Diskurs und beim kolonialistischen Diskurs der Briten und Franzosen. In Volkskalendern und Zeitschriften setzten die Autoren weiterhin Statistiken und auch erfundene Tatsachen ein, um ihre Leser und Leserinnen vor den oft subversiven Angriffen der Tschechen auf deutsche Gemeinden zu warnen. Zwanzig Jahre lang hatten sie sich öffentlich darüber Sorgen gemacht, wie man deutsches Eigentum in deutschen Händen halten könnte; mit einer wirren, rassisch gefärbten Definition nationaler Unterschiede warnten sie nun vor den Gefahren der Mischehe. „Um unseren Gegnern weitere Fortschritte unmöglich zu machen, müssen wir die nationale Selbstabgrenzung bis zum Extrem treiben", erklärte ein gemäßigter Führer in Böhmen, „ausgehend von dem Bestreben Alles das zu fördern und zu unterstützen, was den Gegensatz zwischen der erbgesessenen deutschen Bevölkerung und den tschechischen Einwanderern aufrechtzuerhalten imstande ist".[90]

Während diese neueren Glaubenssätze ein wichtiges Erbe des Liberalismus in sich trugen, standen sie im Gegensatz zu früheren liberalen Konzepten der nationalen Identität – besonders in der Weise, in der sie die Hierarchien behandelten, die für die Liberalen potentiell durch Bildung unveränderbar geblieben waren.

Schon 1848 hatten die Liberalen den unteren sozialen Schichten sowie den Frauen die Bürgerrechte verweigert, da beide Gruppen als wirtschaftlich Abhängige galten, die unfähig waren, ihre politische Vernunft einzusetzen. Die Rhetorik der Liberalen hatte sich darauf konzentriert, als letztendliches Ziel die allen zugänglichen Bürgerrechte und allgemeinen Fortschritt in Aussicht zu stellen und darüber still die Frage ignoriert, wer in der Gegenwart ohne Wahlrecht blieb und warum. Die deutschnationale Rhetorik definierte andererseits pessimistisch und penibel, wer nicht zur Gänze zur Gemeinschaft gehörte. Die Deutschnationalen bezeichneten diese Außenseiter oft als biologisch unterschiedlich und nahmen diese Unterschiede, genau wie die Liberalen, zum Vorwand, um die verdienstvolle Bevölkerung von der unwürdigen zu unterscheiden.

In dieser Hinsicht haben wir uns weit vom Liberalismus von 1848 entfernt, so weit, daß der heutige Leser den Liberalismus in Österreich vielleicht nicht mehr erkennen wird. Ist es möglich, geschweige denn gerecht, den hochgepriesenen Idealismus des Jahres 1848 mit dem sich entwickelnden Nationalismus der Jahrhundertwende in Beziehung zu setzen, einem Nationalismus, der im zwanzigsten Jahrhundert so verheerende Folgen haben sollte? Ist der Liberalismus nicht der Freund alles Vernünftigen und daher notwendigerweise der Feind aller irrationalen Ideologien und Begehren, unter ihnen Nationalismus und Antisemitismus?

Indem die Liberalen ihre traditionellen Prinzipien in die universalistische Rhetorik des Deutschnationalismus übersetzten, hatten sie tatsächlich einen Weg gefunden, ihre Vision der Jahre 1848 und 1867 in neuen Begriffen zu formulieren, die der Politik Österreichs des Jahres 1900 besser entsprachen. Was sich bis 1900 geändert hatte, war, daß die deutschsprachige Bevölkerung der Monarchie sich mehr auf die Definition ihrer Unterschiede zu anderen Bevölkerungsgruppen konzentrierte als darauf, andere zu ermutigen, sich ihr anzuschließen. Die deutschnationale Identität, die zuvor als etwas Zufälliges oder zumindest als etwas potentiell allgemein Anwendbares verstanden worden war, wurde in den 1890er Jahren von vielen liberalen Nationalisten zunehmend als etwas Unabänderliches, Angeborenes, Transhistorisches und daher durch das ethnische Erbe Beschränktes gesehen. Dies sollte uns nicht überraschen. Schließlich hatte sich die liberale österreichische Vision einer pluralistischen, aber homogenen bürgerlichen Welt im frühen neunzehnten Jahrhundert aus der begrenzten Zivilkultur des bürgerlichen Vereins entwickelt. Die Ansichten der Liberalen über die menschliche Natur basierten auf ihrer begrenzten Erfahrung innerhalb des bürgerlichen Milieus, die sie dennoch für natürlich und universell anwendbar hielten. Die den Regeln der Klubmitgliedschaft nachgebildeten Rechte und Verantwortungen der Staatsbürgerschaft konnten nur auf diejenigen Menschen ausgedehnt werden, die implizit diese Regeln akzeptieren oder sich diesen bürgerlichen Normen anpaßten.

Bis zur Jahrhundertwende scheint der deutsche Nationalliberalismus sich zu einer seltsamen Mischung aus schriller defensiver nationalistischer Rhetorik und äußerst fortschrittlichen, optimistischen Behauptungen über die Wirksamkeit von Bildung und Wissenschaft zum Wohle der Menschheit entwickelt zu haben. Das nationalistische Programm von 1900 enthielt sicherlich Elemente, die kein Liberaler des Jahres 1848 als liberal anerkannt hätte. Aber es gab auch viel, was den Männern und Frauen von 1848 äußerst bekannt vorgekommen wäre, besonders die unerschütterliche Unterstützung eines unabhängigen, allgemein zugänglichen Schulsystems, der zuversichtliche Optimismus, daß rationale Wissenschaft der Menschheit zugute kommt, und die Behauptung, daß sie für das Wohl einer universellen Gemeinschaft statt für eine bestimmte Interessengruppe kämpften. Die Liberalen von 1848 teilten mit den Nationalisten von 1900 den Glauben, daß das Wohl der Gemeinschaft aus der Zusammenarbeit gebildeter Männer abgeleitet werden könnte, und daß der Sinn politischen Engagements darin bestand, eine höhere moralische Ordnung in die Tat umzusetzen, anstatt eine Politik von Einzelinteressen zu verfolgen. Schließlich hätten die Liberalen von 1848 das Engagement der Nationalisten von 1900 in Vereinen anerkannt, ja sogar gelobt, denn nur im Engagement von Gleichgesinnten innerhalb der neuen, von den Kämpfern von 1848 geschaffenen „Civil Society" konnte der Einzelne sein eigenes Schicksal und das der Gesellschaft verbessern.

Schlußwort

In einem Interview im *profil* sprach Heide Schmidt, die Parteichefin des Liberalen Forums, kürzlich über ihre frühere ideologische Entwicklung in der FPÖ. Sie erinnerte sich: „[Ich] fühlte mich den Liberalen zugehörig und war gegen die Nationalen.“[91] Während die Grenze zwischen diesen beiden Positionen innerhalb der FPÖ im heutigen Kontext vielleicht oberflächlich die FPÖ vom Liberalen Forum zu unterscheiden scheint, ist es in der Tat nie leicht gewesen, in Österreich Liberale und Nationalisten zu unterscheiden. In anderen europäischen Staaten wurde der Nationalismus allmählich das ideologische Eigentum der Rechten, und angesichts der sozialistischen Herausforderungen kamen die bürgerlichen Liberalen den religiösen, agrarischen und aristokratischen Konservativen durch den Nationalismus immer näher. Die meisten Staaten bedienten sich in den 1880er Jahren auch einer konservativen nationalistischen Rhetorik, die versuchte, die Unterschiede zwischen den sozialen Gruppen herunterzuspielen, um die soziale Ordnung aufrechtzuerhalten. Doch in Österreich war der Staat immer antinational, und jedwede nationalistische politische Linie mußte gegen die Vorherrschaft des bürokratischen, katholischen, antinationalen kaiserlichen Regimes etabliert werden.

Während sie den konservativen Status quo verkörperten, blieben die österreichischen Liberalen paradoxerweise gleichzeitig sowohl in ihrer Beziehung zur Gesellschaft als auch zum Staat Revolutionäre. Sie setzten sich mit einem Regime auseinander, das sich durch Hierarchie und Religion definierte, und kämpften gegen die Hegemonie der katholischen Kirche (aus politischen und auch nationalistischen Gründen) und gegen das Überleben eines traditionellen Ständemodells der sozialen Ordnung. Und sie kämpften darum, die Vorherrschaft ihrer nationalen Identität zu sichern, denn viele glaubten schließlich – trotz des Aufkommens unterschiedlicher rassischer Ideologien –, daß die deutsche Kultur eine zivilisierende, ja eine aufklärende Rolle in Ostmitteleuropa zu spielen hatte. Ihr kultureller

Beitrag sollte dadurch anerkannt werden, daß den Deutschen innerhalb der Donaumonarchie mehr politisches Gewicht gegeben wurde. Wie die liberalen französischen Antikleriker blieben die österreichischen Liberalen bewußt auf der linken Seite des politischen Spektrums, obwohl sie gleichzeitig eine zunehmend fanatische nationalistische Rhetorik einsetzten, die sie in anderen Staaten weit rechts positioniert hätte. Die Begriffe „liberal" und „national" sind in Österreich also in einer unbehaglichen wechselseitigen Spannung miteinander verbunden, die auf das Jahr 1848 zurückgeht – eine Spannung, die trotz aller wohlmeinender Versuche der heutigen österreichischen Liberalen noch nicht eindeutig aufgelöst worden ist.

Diese Spannungen verschwanden auch nach dem Ende der Monarchie nicht. Das Jahr 1918 stellt eine enorm wichtige Zäsur in der Geschichte Mitteleuropas dar, doch es führte zu keiner entscheidenden Änderung der Grundlagen der politischen Landschaft in Österreich. Die populäre Ideologie betont heute die Wichtigkeit einer spezifisch österreichischen modernen Identität und ignoriert daher den imperialen Kontext so vieler politischer Traditionen. Das Kaiserreich bietet den heutigen Österreichern eine glorreiche und touristische Vergangenheit, doch es ist eine ferne Vergangenheit, die vom politischen Gesichtspunkt her kaum relevant zu sein scheint.

Als die Habsburgermonarchie 1918 zusammenbrach, beherbergten die alpinen Gebiete, aus denen das deutschsprachige Österreich bestand, einige wichtige Bastionen christlich-sozialen und sozialdemokratischen Wählerpotentials, aber relativ wenige Anhänger der Deutschnationalen. In den letzten Jahren der Donaumonarchie hatte es in Böhmen, Mähren und Schlesien mehr nationalliberale Wähler gegeben – Kronländer, auf die die neue Tschechoslowakische Republik nun nachdrücklich Anspruch erhob. In Kärnten und der Steiermark konnten sich einige wichtige Zentren des nationalliberalen Aktivismus halten, die meisten nationalliberalen Wahlkreise verschwanden aber. Als die Vertreter der Sudetendeutschen 1919 widerwillig die deutsch-österreichische Nationalversammlung verließen, verlor der österreichische Liberalismus seine einflußreichsten organisatorischen Grundlagen sowie seine Unterstützung in der Bevölkerung. Ohne seine Anhänger in mehreren weiter ethnisch umstrittenen Gebieten (Südsteiermark, Südtirol) wurde der Liberalismus in der Ersten Republik zu einer unbedeutenden Größe, obwohl seine Ideen oft in einer bunten Minderheit aus national gesinnten Akademikern, Fortschrittlichen und Unternehmern in den Städten weiterlebten.

Doch selbst wenn die liberalen Parteien, ihre Führer und ihre politischen Traditionen in den 1920er Jahren verschwanden, so lebte eines ihrer wichtigsten Vermächtnisse, der nationalistische Verein, weiter. Zusammen mit der neu erwachten nationalistischen Begeisterung fand dieser Schmelztiegel alter liberaler Ideen seinen Platz in der Ersten Republik. Genau wie ihre Vorgänger im Vormärz versuchten diese Vereine, eine alternative politische Kultur zur Vorherrschaft der christlich-sozialen und sozialdemokratischen Parteien aufzubauen. Ideologisch förderten die Vereine sowohl einen impliziten Antiklerikalismus als auch Antisemitismus. Organisatorisch versuchten sie die örtliche Bevölkerung zu erreichen und konzentrierten ihre Bemühungen auf Schulen und kulturelle Projekte. Die Vereine sahen den Deutschnationalismus als die einzige Möglichkeit, die starke Polarisierung von Politik in der Ersten Republik zu überbrücken. Ihr Nationalismus lehnte den katholischen oder sozialistischen Internationalismus ab. Die Nationalliberalen behaupteten weiterhin, daß sie eine einigende politische Lösung anbieten konnten, die über jener kleinlichen Interessenpolitik stand, die die Landesherren entzweite. Mit der Behauptung, daß die nationale Identität über Parteien hinausginge, unterstützten die Vereine lokale Bemühungen, das Deutschtum zu fördern, sei es im Kampf gegen Nichtdeutsche oder in dem Bestreben, alle Deutschen zu einen.

Es wird kaum überraschen, daß die Vereine in der Zwischenkriegszeit nur wenig direkten Einfluß auf die Politik in Wien ausübten. Doch ihre lokalen Erfolge zeigten das starke Bedürfnis des Bürgertums nach kultureller Einheit und nach einem Ende des zermürbenden Klassenkampfes und der Parteipolitik in einer Zeit wirtschaftlicher Depression, Not und sozialer Unruhen. Angesichts ihres ideologischen Profils war es nicht weiter überraschend, daß diese Vereine sich als die wichtigsten ideellen Ressourcen für den österreichischen Faschismus und später für den Nationalsozialismus erwiesen,

Bewegungen, die ebenso ein Ende der sozialen Konflikte und eine Wiedervereinigung aller Deutschen versprachen. Mit ihrer Betonung der demokratischen Organisation von unten boten die Vereine das perfekte Vehikel für eine Unterstützung von der Basis, besonders für die Nationalsozialisten. Sobald der Anschluß stattgefunden hatte, verloren die Vereine natürlich ihre Unabhängigkeit. Die meisten wurden entweder aufgelöst oder mit der Partei gleichgeschaltet.

Ich habe argumentiert, daß der alte liberale Verein uns heute ein wesentliches Vermächtnis dieser politischen Kultur hinterlassen hat. Dieses Vermächtnis wird in der Zweiten Rpublik in verschiedenen Formen sichtbar: von Anti-Atomkraft-Volksbegehren bis hin zur Umweltschutzbewegung und den Grünen, vom Feminismus bis hin zur aufkommenden Homosexuelleninitiative. Jede dieser Bewegungen beginnt mit den organisatorischen Voraussetzungen der Basisdemokratie, in der alle Teilnehmer die gleiche Stimme haben. Jede bildet auch eine Modellgesellschaft, die schon durch ihre Funktionsstruktur die vom Staat auferlegten Werte in Frage stellt, indem sie ein alternatives Modell sozialer Organisation anbietet. Jede mobilisiert eine kleine soziale Wählerschaft, drückt aber ihre Ziele dennoch mit den Mitteln allgemeingültiger Rhetorik aus. Und alle teilen einen tiefsitzenden Vorbehalt gegen die von Interessen bestimmten Programme der organisierten politischen Parteien und ziehen es statt dessen vor, für das zu arbeiten, was die Bewegung für das Allgemeinwohl der Gemeinschaft hält. Diese Anti-Interessenpolitik postuliert das Vorhandensein eines Allgemeinwohls und geht davon aus, daß es keinen Grund für einen politischen Konflikt gibt, da sich alle Parteien einigen könnten – wenn sie die gesamte Gemeinschaft statt nur einen kleinen Teil davon vertraten.

Dieser letzte Punkt ist vielleicht das negative Vermächtnis eines Liberalismus, dessen prägende Erfahrungen, die Revolutionen von 1848, ihn hochgradig mißtrauisch gegenüber jeder Art des politischen Konflikts gemacht haben. Schlimmstensfalls kann ein solches Mißtrauen zu Intoleranz und Furcht vor jeder Form sozialer oder kultureller Unterschiede verkommen, wie sie zunehmend die Rhetorik aller Parteien, aber besonders die der FPÖ im letzten Jahrzehnt, gefärbt haben. Letzten Endes ist die österreichische Gesellschaft vielleicht doch stark genug, einer fruchtbaren Auseinandersetzung zwischen den einzelnen Interessengruppen standzuhalten und sozialen und kulturellen Unterschieden sogar positive Seiten abzugewinnen. Andererseits sind sowohl die wachsende basisdemokratische Opposition gegen eine bürokratische Beschlußfassung als auch die in diesen Gruppen praktizierte Basisdemokratie ein entscheidendes positives Erbe des Liberalismus. Die heutigen Österreicher können sich von diesem beeindruckenden Vermächtnis einer lokalen politischen Kultur inspirieren lassen, und es mag als praktische Anleitung zu einem gegenseitig befruchtenden sozialen und kulturellen Pluralismus dienen.

Anmerkungen

*) Ich danke der University of Michigan Press für Ihre Erlaubnis, in diesem und in den folgenden Kapiteln Auszüge aus meinem Buch *Exclusive Revolutionaries, Liberal Politics, Social Experience, and National Identity in the Austrian Empire, 1848–1914* (Ann Arbor 1996) veröffentlichen zu dürfen.

1 Mack Walker, *German Home Towns. Community, State and General Estate, 1648–1871* (Ithaca 1971), 120.

2 Waltraud Heindl, *Gehorsame Rebellen. Bürokratie und Beamte in Österreich 1780 bis 1848* (Wien 1990).

3 Ulrike Döcker, „‚Jeder Mensch gilt in dieser Welt nur so viel, als wozu er sich selbst macht'– Adolf Freiherr von Knigge und die bürgerliche Hofkultur im 19. Jahrhundert." *Bürgertum in der Habsburgermonarchie*, hg. v. Ernst Bruckmüller, Ulrike Döcker, Hannes Stekel und Peter Urbanitsch (Wien 1990), 115–126.

4 Leopold von Hasner, *Denkwürdigkeiten. Autobiographisches und Aphorismen* (Stuttgart 1892), 18.

5 Irmgard Helperstorfer, „Die Entwicklung des Vereinswesens im Vormärz." *Bürgersinn und Aufbegehren. Biedermeier und Vormärz in Wien, 1815–1848* (Ausstellungskatalog Wien 1988), 319–324, hier 320.

6 Ludwig August Frankl, *Erinnerungen von Ludwig August Frankl* (Prag 1910), 292.

7 Ernst Bruckmüller, „Wiener Bürger: Selbstverständnis und Kultur des Wiener Bürgertums vom Vormärz bis zum Fin de siècle." *„Durch Arbeit, Besitz, Wissen und Gerechtigkeit." Bürgertum in der Habsburgermonarchie II,* hg. v. Hannes Stekl, Peter Urbanitsch, Ernst Bruckmüller und Hans Heiss (Wien 1992), 43–68, hier 47.

8 Anton von Kraus-Elislago, *Bericht über die dritte allgemeine Gewerbeausstellung* (Wien 1846): 35. Zitiert in Wolfgang Häusler, *Von der Massenarmut zur Arbeiterbewegung: Demokratie und soziale Fragen in der Wiener Revolution von 1848* (Wien 1979), 68.

9 Otto Hwaletz, „Zur ökonomischen, sozialen und ideologisch-politischen Formierung des industriell-gewerblichen Bürgertums. Das Beispiel der Industrievereine." *Bügertum in der Habsburgermonarchie*, hg. v. Ernst Bruckmüller, Ulrike Döcker, Hannes Stekl und Peter Urbanitsch (Wien 1990), 177–204, hier 190.

10 James J. Sheehan, *German Liberalism in the Nineteenth Century* (Chicago 1978), 7; Leopold von Hasner, *Denkwürdigkeiten. Autobiographisches und Aphorismen* (Stuttgart 1892), 17; Eduard von Bauernfeld, *Pia Desideria eines österreichischen Schriftstellers* (Leipzig 1843), 15, 50.
11 Wolfgang Häusler, *Von der Massenarmut zur Arbeiterbewegung: Demokratie und soziale Fragen in der Wiener Revolution von 1848* (Wien 1979), 128.
12 *Wiener Zeitung*, 4. 3. 1848.
13 Ernst K. Sieber, *Ludwig von Löhner: Ein Vorkämpfer des Deutschtums in Böhmen, Mähren und Schlesien im Jahre 1848/1849* (München 1965), 23.
14 Ibid.
15 OLF B, Bd. 10, „Kundmachung vom 10. 4. 1848".
16 Ibid.
17 Gerhard Pfeisinger, „Die Revolution von 1848 in Graz" (Diss. Universität Salzburg 1985), 38.
18 OLF B, Bd. 9, „Petition der Bürgerschaft der Hauptstadt Graz an Se. Majestät" (15. 3. 1848).
19 Gerhard Pfeisinger, „Die Revolution von 1848 in Graz" (Diss. Universität Salzburg 1985), 56.
20 Karl Stremayr, *Erinnerungen aus dem Leben* (Wien 1899), 17.
21 „Brief aus Linz", *Wiener Zeitschrift für Kunst, Literatur, Theater und Mode* 59 (1848): 236.
22 OLF B, Bd. 10, „An die National-Garde Gmündens".
23 *Die Rundschau. Ein Volksblatt für alle Interessen des Vaterlandes, der Industrie und Landwirtschaft, der Kunst und des Lebens* 12 (14. Mai 1848): 49.
24 Adolf Chaises (Hg.), *Vorträge des Dr. Schütte und politische Debatten der Gesellschaft für Volksfreunde* (Wien 1848), 7–8.
25 J. S. Hohenblum, *Statuten zur Bildung des Vereins der Freunde der constitutionellen Ordnung und der wahren Freiheit* (Wien 1848), 3.
26 Ibid.
27 NBF, „Der österreichische Patriotenverein" (23. 9. 1848); „Programm des constitutionellen Vereins" (Wien 8. 9. 1848); „Edle deutsche Frauen" (August 1848).
28 Gabriella Hauch, *Frau Biedermeier auf den Barrikaden. Frauenleben in der Wiener Revolution 1848* (Wien 1990), 150.
29 NBF, „Wail geschrirn jetzt fangen die Jüdinen a schon an" (Wien 1848).
30 Hans Kudlich, *Rückblicke und Erinnerungen* (Wien 1873), I 229.
31 Gerhard Pfeisinger, „Die Revolution von 1848 in Graz" (Diss. Universität Salzburg 1985), 146–147.
32 *Der Herold*, 3. 7. 1848.

33 OLF B, Bd. 5, *Die Verhandlungen der am 23. März auf dem Landtage versammeltgewesenen Stände des Erzherzogthums Österreich ob der Enns*, Sitzungen vom 4. 4. und 24. 7. 1848.

34 Adolf Chaises (Hg.), *Vorträge des Dr. Schütte und politische Debatten der Gesellschaft für Volksfreunde* (Wien 1848), 6.

35 OLF A, Bd. 24, Johann N. Berger, „Pressefreiheit und das Pressegesetz" (Wien 1848), 1.

36 John Locke, *Zwei Abhandlungen über die Regierung*. Hg. v. Walter Euchner, übers. v. Hans. J. Hoffmann (Frankfurt 1967), 203.

37 John Stuart Mill, *Über Freiheit*. Hg. u. übers. v. Achim von Borries (Frankfurt 1969), 17.

38 OLF A, Bd. 25, „Petition der Gewerbsinhaber aus Oberösterreich an den österreichischen Reichstag" (Ried 1848).

39 *Die Rundschau. Ein Volksblatt für alle Interessen des Vaterlandes, der Industrie und Landwirtschaft, der Kunst und des Lebens*, 6 (27. April 1848): 26.

40 Siehe ÄVP 25. Mai bis 5. Oktober 1848, hier 2. September.

41 ÄVP 25. Mai bis 5. Oktober 1848, hier 26. August.

42 Leopold von Hasner, *Denkwürdigkeiten. Autobiographisches und Aphorismen* (Stuttgart 1892), 63–64.

43 OLF B, Bd. 5, „Protokoll nr. 1 über die am 24. Juli 1848 von den gesammten Herrn Ständen des Landes ob der Enns mit Zuziehung aller Herren Mitglieder des provisorischen Landes Ausschusses zu Linz gepflogene Verhandlung."

44 Ibid.

45 *Verhandlungen des provisorischen Landtages des Herzogthums Steiermark*, 16. 6. 1848: 30.

46 Ibid., 17. 6. 1848: 30.

47 *Schwarz-Roth-Gold*, 22. 8. 1848: 50.

48 Siehe OLF A, Bd. 25, „Petition der Gewerbsinhaber aus Oberösterreich an den österreichischen Reichstag" (Ried 1848).

49 NBF, 1848–1871, „Statuten des deutschen konstitutionellen Vereins in Teplitz".

50 *Schwarz-Roth-Gold*, 11. 7. 1848: 1.

51 *Schwarz-Roth-Gold*, 7. 7. 1848: 1.

52 *Wiener Zeitschrift für Kunst, Literatur, Theater und Mode*, 60–61 (1848): 239.

53 *Schwarz-Roth-Gold*, 28. 7. 1848: 21.

54 *Schwarz-Roth-Gold*, 11. 7. 1848: 2.

55 *Schwarz-Roth-Gold*, 18. 7. 1848: 15.

56 NBF, Flugblätter 1848–71 (undatiert).

57 *Verhandlungen des provisorischen Landtages des Herzogthums Steiermark*, 16. 6. 1848: 12–13.
58 OLF A, Bd. 25, „Petition der Gewerbsinhaber aus Oberösterreich an den österreichischen Reichstag" (Ried 1848); NBF, 1848, „Hohe Reichstagversammlung", 22. September 1848.
59 Zitiert in Ernst Sieber, *Ludwig von Löhner: Ein Vorkämpfer des Deutschtums in Böhmen, Mähren und Schlesien im Jahre 1848/1849* (München 1965), 143.
60 Anton Springer (Hg.), *Protokolle des Verfassungsausschusses im österreichischen Reichstage, 1848–1849* (Leipzig 1885), 4.
61 Vgl. Gerald Stourzh, „Die Gleichberechtigung der Nationalitäten und die österreichische Dezember Verfassung von 1867", *Der österreichisch-ungarische Ausgleich von 1867. Vorgeschichte und Wirkungen*, hg. v. Peter Burger (Wien 1967), 186–218, hier 193.
62 Anton Springer (Hg.), *Protokolle des Verfassungsausschusses im österreichischen Reichstage, 1848–1849* (Leipzig 1885), 42–43.
63 Ibid., 73–77.
64 Leopold von Hasner, *Denkwürdigkeiten. Autobiographisches und Aphorismen* (Stuttgart 1892), 51.
65 Harm Hinrich Brandt, *Der österreichische Neoabsolutismus. Staatsfinanzen und Politik, 1848–1860.* 2 Bde. (Göttingen 1978), I 256–257.
66 Ernst von Schwarzer, *Geld und Gut in Neuösterreich* (Wien 1857), 6–8.
67 Heinrich Pollack, *Dreissig Jahre aus dem Leben eines Journalisten*, 3 Bde. (Wien 1894), I 68.
68 Siehe *Neue Freie Presse,* 23. 7. 1867.
69 Gerald Stourzh, „Die Gleichberechtigung der Nationalitäten und die österreichische Dezember Verfassung von 1867", *Der österreichisch-ungarische Ausgleich von 1867. Vorgeschichte und Wirkungen*, hg. v. Peter Burger (Wien 1967), 186–218, hier 204.
70 *Konstitutionelle Vorstadt-Zeitung,* 23. 12. 1867; *Neue Freie Presse,* 21. 12. 1867.
71 *Konstitutionelle Vorstadt-Zeitung*, 21. 12. 1867.
72 Walter Rogge, *Österreich von Villagos bis zur Gegenwart*, 3 Bde. (Wien und Leipzig 1873), III 84.
73 Paul Molisch, *Briefe zur deutschen Politik in Österreich von 1848 bis 1918* (Wien 1934), 52–53.
74 *Neues Wiener Tageblatt*, 15. 10. 1868.
75 Wilhelm Angerstein, *Österreichs parlamentarische Größen* (Leipzig 1872), 21.
76 Karl-Thomas Richter, *Über die Entwicklung des Arbeiterstandes* (Wien 1866), 58; zitiert in Wilhelm Wadl, *Liberalismus und soziale Frage in Österreich* (Wien 1987), 184.

77 *Bericht des constitutionellen Vereines in Laibach 1870* (Laibach 1871), 21.
78 „Statuten des liberalen politischen Vereines in Linz", in: Kurt Wimmer, *Liberalismus in Oberösterreich . Am Beispiel des liberal-politischen Vereins für Oberösterreich in Linz 1869–1909* (Linz 1979), 172.
79 *Bericht über die Thätigkeit des politischen Vereines der Liberalen in Znaim im siebenten Jahre seines Bestehens 1874* (Znaim 1875), 5–6.
80 *Politischer Volks-Kalender für 1878* (Klagenfurt und Villach 1877): 2.
81 Eduard Unterberger, „Der Liberalismus in St. Pölten 1870–1918" (Diss. Universität Wien 1966), 230.
82 *Politischer Volks-Kalender für 1878* (Klagenfurt und Villach 1877): 2–4.
83 *Schulvereinskalender für 1884* (Wien 1883): 6–7.
84 *Deutsche Zeitung* 3. 3. 1881 (Abendausgabe).
85 Hans Stingl, *Die Nationalvereine der deutschen Bürger und Bauern* (Krems 1981), 2–3.
86 Julius Lippert, *Die Erziehung auf nationaler Grundlage* (Prag 1882), 1–3.
87 *Deutscher Volkskalender für das Jahr 1889* (Olmütz 1888): 100.
88 *Mittheilungen des Deutschen Schulvereins* 16 (1885): 14.
89 „Die zehn Gebote des deutschen Volkes", *Deutscher Volkskalender für Schlesien 1898* (Troppau 1898): 115.
90 „Die Aufgaben der nationalen Schutzvereine", *Deutsche Rundschau* 1 (1895): 3–6, hier 5.
91 Christa Zoechling, „‚Mein blinder Fleck'. Interview. Heide Schmidt über die Präsidentschaft und ihren Umgang mit der NS-Vergangenheit ihrer Eltern", *profil* 52/53 (20. Dezember 1997): 25–26, hier 25.

Bibliographie und Abkürzungen

REGIERUNGSDOKUMENTE, ARCHIVE

ÄVP Ämtliche Verhandlungs-Protokolle des Gemeindeausschusses der Stadt Wien
OLF Oberösterreichisches Landesarchiv, Flugschriftensammlung
NBF Österreichische Nationalbibliothek, Flugschriftensammlung
VLS Verhandlungen des Landtages Steiermark

ZEITUNGEN/ZEITSCHRIFTEN

Deutsche Zeitung (Wien)
Deutsche Zeitung aus Böhmen (Prag)
Gratzer Zeitung (Graz)
Der Herold (Graz)
Konstitutionelle Vorstadt-Zeitung (Wien)
Mittheilungen des Deutschen Schulvereins (Wien)
Mittheilungen für Gewerbe und Handel (Prag)
Neue Freie Presse (Wien)
Neue politische Strassenzeitung (Wien)
Neues Wiener Tageblatt (Wien)
Die Rundschau. Ein Volksblatt für alle Interessen des Vaterlandes, der Industrie und der Landwirtschaft, der Kunst und des Lebens. (Salzburg)
Schwarz-Roth-Gold (Wien)
Wiener Zeitung (Wien)

SEKUNDÄRLITERATUR

Andrian-Werburg, Victor von, *Österreich und dessen Zukunft.* 2 Bde. Hamburg 1843–1847.
Angerstein, Wilhelm, *Österreichs parlamentarische Größen.* Leipzig 1872.
„Die Aufgaben der nationalen Schutzvereine". *Deutsche Rundschau* 1 (1895): 3–6.
Bauernfeld, Eduard von, *Pia Desideria eines österreichischen Schriftstellers.* Leipzig 1843.

Beidtel, Karl, *Die Geldangelegenheiten Österreichs.* Leipzig 1847.
Bericht des constitutionellen Vereines in Laibach 1870. Laibach 1871.
Bericht über die Thätigkeit des politischen Vereines der Liberalen in Znaim im siebenten Jahre seines Bestehens 1874. Znaim 1875.
Brandt, Harm Hinrich, *Der österreichische Neoabsolutismus. Staatsfinanzen und Politik, 1848–1860.* 2 Bde. Göttingen 1978.
„Brief aus Linz". *Wiener Zeitschrift für Kunst, Literatur, Theater und Mode,* 59 (1848): 236
Bruckmüller, Ernst, „Wiener Bürger: Selbstverständnis und Kultur des Wiener Bürgertums vom Vormärz bis zum Fin de siècle." *„Durch Arbeit, Besitz, Wissen und Gerechtigkeit." Bürgertum in der Habsburgermonarchie II,* hg. v. Hannes Stekl, Peter Urbanitsch, Ernst Bruckmüller und Hans Heiss. Wien 1992. 43–68.
Chaises, Adolf (Hg.), *Vorträge des Dr. Schütte und politische Debatten der Gesellschaft der Volksfreunde.* Wien 1848.
Déak, Istvan, *The Lawful Revolution. Louis Kossuth and the Hungarians, 1848–1849.* New York 1979.
Deutscher Volkskalender für das Jahr 1889. Olmütz 1888.
Döcker, Ulrike, „‚Jeder Mensch gilt in dieser Welt nur so viel, als wozu er sich selbst macht'– Adolf Freiherr von Knigge und die bürgerliche Hofkultur im 19. Jahrhundert." *Bürgertum in der Habsburgermonarchie,* hg. v. Ernst Bruckmüller, Ulrike Döcker, Hannes Stekel und Peter Urbanitsch.Wien 1990. 115–126.
Engel-Janosi, Friedrich, *„Der Wiener juridisch-politische Leseverein; seine Geschichte bis zur Märzrevolution."* Mitteilungen des Vereines für Geschichte der Stadt Wien 4 (1923).
Frankl, Ludwig August, *Erinnerungen von Ludwig August Frankl.* Prag 1910.
Hasner, Leopold von, *Denkwürdigkeiten. Autobiographisches und Aphorismen.* Stuttgart 1892.
Hauch, Gabriella, *Frau Biedermeier auf den Barrikaden. Frauenleben in der Wiener Revolution 1848.* Wien 1990.
Häusler, Wolfgang, *Von der Massenarmut zur Arbeiterbewegung: Demokratie und soziale Fragen in der Wiener Revolution von 1848.* Wien 1979.
Häusler, Wolfgang, „‚Noch sind nicht alle Märzen vorbei …' Zur politischen Tradition der Wiener Revoltuion von 1848." *Politik und Gesellschaft im alten und neuen Österreich. 2* Bde. Hg. v. Isabella Ackerl, Walter Hummelberger und Hans Mommsen. Wien 1981. I 85–107.
Heindl, Waltraud, *Gehorsame Rebellen. Bürokratie und Beamte in Österreich 1780 bis 1848.* Wien 1990.

Helperstorfer, Irmgard, „Die Entwicklung des Vereinswesens im Vormärz." *Bürgersinn und Aufbegehren. Biedermeier und Vormärz in Wien, 1815–1848.* Ausstellungskatalog Wien 1988. 319–324.

Hohenblum, J. S., *Statuten zur Bildung des Vereins der Freunde der constitutionellen Ordnung und wahren Freiheit.* Wien 1848.

Hwaletz, Otto, „Zur ökonomischen, sozialen und ideologisch-politischen Formierung des industriell-gewerblichen Bürgertums. Das Beispiel der Industrievereine." *Bürgertum in der Habsburgermonarchie,* hg. v. Ernst Bruckmüller, Ulrike Döcker, Hannes Stekl und Peter Urbanitsch. Wien 1990. 177–204.

Judson, Pieter M., *Exclusive Revolutionaries, Liberal Politics, Social Experience, and National Identity in the Austrian Empire.* Ann Arbor 1996.

Kammerhofer, Leopold (Hg.), *Studium zum Deutschliberalismus in Zisleithanien 1873–1879.* Wien 1992.

Kudlich, Hans, *Rückblicke und Erinnerungen.* Wien 1873.

„Die Lage in Böhmen". *Die Grenzboten* 7 (1848): 179.

Lippert, Julius, *Die Erziehung auf nationaler Grundlage.* Prag 1882.

Locke, John, *Zwei Abhandlungen über die Regierung.* Hg. v. Walter Euchner, übers. v. Hans. J. Hoffmann. Frankfurt 1967.

Mill, John Stuart, *Über Freiheit.* Hg. u. übers. v. Achim von Borries. Frankfurt 1969.

Molisch, Paul, *Briefe zur deutschen Politik in Österreich von 1848 bis 1918.* Wien 1934.

Obrovski, H., „Die Entwicklung des Vereinswesens im Vormärz". Diss. Universität Wien 1970.

Pirchegger, Hans, *Geschichte der Steiermark 1740–1919.* Graz, Wien, Leipzig 1934.

Pfeisinger, Gerhard, „Die Revolution von 1848 in Graz". Diss. Universität Salzburg 1985.

Polišenský, Josef, *Aristocrats and the Crowd in the Revolutionary Year 1848. A Contribution to the History of Revolution and Counterrevolution in Austria.* Aus dem Tschechischen von Frederik Snider. Albany 1980.

Politischer Volks-Kalender für 1878. Klagenfurt und Villach 1877.

Pollack, Heinrich, *Dreissig Jahre aus dem Leben eines Journalisten.* 3 Bde. Wien 1894.

Rath, Reuben John, *The Viennese Revolution of 1848.* Austin 1957.

Reschauer, Heinrich, *Der Juridisch-politische Leseverein im Monat März, 1848.* Wien 1888.

Reschauer, Heinrich und Moritz Smets, *Das Jahr 1848. Geschichte der Wiener Revolution.* 2 Bde. Wien 1872.

Rogge, Walter, *Österreich von Villagos bis zur Gegenwart.* 3 Bde. Wien und Leipzig 1873.

Schulvereinskalender für 1884. Wien 1883.

Schusselka, Franz, *Deutsche Worte eines Österreichers.* Hamburg 1843.

Schwarzer, Ernst von, *Geld und Gut in Neuösterreich.* Wien 1857.

Sheehan, James J., *German Liberalism in the Nineteenth Century.* Chicago 1978.

Sieber, Ernst K., *Ludwig von Löhner: Ein Vorkämpfer des Deutschtums in Böhmen, Mähren und Schlesien im Jahre 1848/1849.* München 1965.

Springer, Anton (Hg.), *Protokolle des Verfassungsausschusses im österreichischen Reichstage, 1848–1849.* Leipzig 1885.

„Statuten des liberalen politischen Vereines in Linz", in: Kurt Wimmer, *Liberalismus in Oberösterreich. Am Beispiel des liberal-politischen Vereins für Oberösterreich in Linz 1869–1909.* Linz 1979.

Statuten zur Bildung des Vereins der Freunde der Constitutionellen Ordnung und wahren Freiheit. Wien 1848.

Stingl, Hans, *Die Nationalvereine der deutschen Bürger und Bauern.* Krems 1981.

Stourzh, Gerald, „Die Gleichberechtigung der Nationalitäten und die österreichische Dezember Verfassung von 1867". *Der österreichisch-ungarische Ausgleich von 1867. Vorgeschichte und Wirkungen,* hg. v. Peter Burger. Wien 1967. 186–218.

Stremayr, Karl, *Erinnerungen aus dem Leben.* Wien 1899.

Stubenrauch, Moritz, Edler von, *Statistische Darstellung des Vereinswesens im Kaiserthume Österreich.* Wien 1857.

Unterberger, Eduard, „Der Liberalismus in St. Pölten (1870–1918)". Diss. Universität Wien 1966.

Urban, Otto, *Die tschechische Gesellschaft 1848–1918.* 2 Bde. Aus dem Tschechischen von Henning Schlegel. Wien 1994.

Violand, Ernst, *Die soziale Geschichte der Revolution.* Wien 1850.

Wadl, Wilhelm, *Liberalismus und soziale Frage in Österreich.* Wien 1987.

Walker, Mack, *German Home Towns. Community, State and General Estate, 1648–1871.* Ithaca 1971.

Wiesner, Alois, *Die österreichische Revolution und die Provinzen.* Zürich 1849.

„Die zehn Gebote des deutschen Volkes", *Deutscher Volkskalender für Schlesien 1898.* Troppau 1898.

Zöchling, Christa, „‚Mein blinder Fleck'. Interview. Heide Schmidt über die Präsidentschaft und ihren Umgang mit der NS-Vergangenheit ihrer Eltern." profil 52/53 (20. Sezember 1997): 25–26.

Register

Abbildungsnachweis

Bildarchiv der Österreichischen Nationalbibliothek: 2, 5, 6, 9, 10, 12, 16, 17
Historisches Museum der Stadt Wien: 1, 4, 7, 8, 11, 13, 14, 15
Steiermärkisches Landesarchiv: 3